ROSELI FIGARO
(organizadora)

Beth Brait
Helena Nagamine Brandão
José Luiz Fiorin
Maria Aparecida Baccega
Maria Cecília Souza-e-Silva

Comunicação e Análise do Discurso

editoracontexto

Foto de capa
Jaime Pinsky

Montagem de capa
Gustavo S. Vilas Boas

Diagramação
Estúdio Kenosis

Preparação de textos
Lilian Aquino

Revisão
Flávia Portellada

Dados Internacionais de Catalogação na Publicação (CIP)
(Câmara Brasileira do Livro, SP, Brasil)

Comunicação e Análise do Discurso / organizadora
Roseli Figaro. – 1. ed., 2ª reimpressão. – São Paulo :
Contexto, 2015.

Vários autores.
Bibliografia.
ISBN 978-85-7244-721-8

1. Análise do discurso 2. Comunicação
3. Português – Estudo e ensino I. Figaro, Roseli.

12-04549 CDD-401.41

Índice para catálogo sistemático:
1. Análise do discurso e ensino de língua
portuguesa : Linguagem e comunicação :
Linguística 401.41

2015

EDITORA CONTEXTO
Diretor editorial: *Jaime Pinsky*

Rua Dr. José Elias, 520 – Alto da Lapa
05083-030 – São Paulo – SP
PABX: (11) 3832 5838
contexto@editoracontexto.com.br
www.editoracontexto.com.br

Comunicação e Análise do Discurso

Sumário

Apresentação

O debate acerca da construção do campo de estudos comunicacionais possui uma série de intercorrências envolvendo variáveis teóricas, de pesquisa, de encaminhamentos metodológicos. Em todas essas frentes é possível observar avanços inegáveis, decorrentes de aportes nem sempre convergentes, no debate em andamento acerca dos procedimentos, mecanismos de formação, estruturas de funcionamento dos sistemas e processos de comunicação. A retomada de temas clássicos como os da relação mídia/poder, economia da comunicação, matrizes ideológicas da indústria cultural, convive com a emergência de assuntos que, malgrado a permanência daqueles primeiros, convidam à reflexão acerca das redes sociais, das novas formas de produzir, distribuir e receber informações, conhecimentos, saberes. Esse amplo e descentrado conjunto de problemas promove novas linhas de pesquisa e desafios teórico-metodológicos, requisitando dos estudiosos da comunicação constante afinamento analítico.

O livro que ora apresentamos deve ser lido no interior deste diálogo interdisciplinar e revela duas faces integradas: de um lado, formula contribuições que ajudam a constituir o referido campo de estudos da Comunicação e, de outro, permite entender andamentos conceituais e procedimentos de pesquisa que marcam a área da linguagem. E o faz, sobretudo, a partir da linguagem verbal. Os cinco capítulos deste livro, escritos por conhecidos especialistas em teoria da linguagem, Análise do Discurso, teorias enunciativas e dialógicas, teorias da representação, foram expostos em seminários ocorridos ao longo de 2010, proferidos na Escola de Comunicações e Artes da USP, e abrigados sob o título geral de I Ciclo de Estudos: Comunicação, Análise de Discurso e Atividade Linguageira.

Os textos revelam contribuição importante para os estudos de comunicação por duas razões fundamentais. Em primeiro lugar, por exporem certo estado da arte no qual se encontram as pesquisas abrigadas sob o título geral de Análise do Discurso ou Análise Dialógica do Discurso, aqui, em especial, filiadas às correntes francesas e russas. Daí referências a Émile Benveniste, Algirdas Julius Greimas, Michel Pêcheux, Dominique Mainguenau, Patrick Charaudeau, Mikhail Bakhtin, Pavel Medvedev, Valentin Voloshinov, entre outros. Ou seja, o leitor é colocado perante a um grupo de autores que trouxeram e continuam a trazer contribuições decisivas para o entendimento das lógicas de funcionamento e implicações sociais da linguagem. Em segundo lugar, existe um ponto comum entre os diversos capítulos: estão eles ocupados em aproximar as questões teóricas da linguagem das manifestações concretas presentes nas diferentes ordens discursivas, fortemente expressas pelas mensagens postas em circulação através dos dispositivos comunicacionais. Daí as análises de materiais jornalísticos, fílmicos, publicitários, iconográficos, etc.

Tal convergência parece absolutamente natural, visto que, mesmo alguns dos teóricos já citados acabaram se voltando de maneira decisiva para os discursos mediáticos. Bastaria, para tanto, lembrar as indagações de Maingueneau acerca dos Textos Comunicacionais ou de Charaudeau envolvido com o Discurso das Mídias. É compreensível que o referido Ciclo de Estudos tivesse como um dos seus objetivos promover debate qualificado sobre as questões discursivas e as configurações, alcances e implicações da linguagem verbal, tendo em vista o universo de preocupações que circundam o campo da Comunicação. Por certo, os signos imagéticos ganharam enorme importância nestes tempos em que as estratégias da visualidade estão sendo acionadas em máxima voltagem, e acerca delas nos cabe refletir e tratar como codificações de significativa eficiência comunicacional. Há que se ter em mira, entretanto, a força que os discursos verbais continuam a desempenhar: reconhecer a sua presença, significado e abrangência é uma boa maneira de fortalecer o campo de estudos da Comunicação. E, neste sentido, os textos que compõem o presente livro podem representar importante contribuição.

Adilson Citelli
Professor da Escola de Comunicações e Artes da USP

Introdução

Roseli Figaro

Este livro trata da linguagem verbal como discurso na comunicação. Os temas e os autores nele presentes esclarecem questões que ponderamos pertinentes e urgentes para a formação de profissionais de nível superior nas áreas de humanidades e ciências sociais aplicadas, sobretudo, de comunicadores. Ele recobre um espectro dos estudos da Comunicação ao discutir conceitos e aplicá-los a diferentes tipos de textos. De forma direta, simples e com exemplos, expõe as bases e os fundamentos da Análise do Discurso, oferecendo referenciais úteis à produção e à recepção de enunciados verbais e visuais.

As linguagens da comunicação fazem parte do conjunto de conhecimentos necessários para nos orientarmos no mundo contemporâneo. Podemos até mesmo falar da urgência do "letramento" nos discursos da comunicação e, nesse sentido, esta obra é contribuição efetiva para professores, estudantes e leitores interessados em instrumental teórico-metodológico adequado à formação de um enunciador autônomo, maduro e mais crítico.

O campo científico da Comunicação é favorável a esse tipo de reflexão e estudo porque é transdisciplinar. A Filosofia, a Sociologia, a Psicologia, a Antropologia, a História, a Linguística, as Artes e os saberes técnico-profissionais foram sendo amalgamados no percurso do desenvolvimento do mercado dos meios de comunicação, em consonância com a consolidação da sociedade moderna, urbana e industrial, em proveito da formação desse novo campo do conhecimento.

Jesús Martín-Barbero afirma, em sua obra *Oficio de cartógrafo: travessias latino-americanas da comunicação na cultura*, que a transdisciplinaridade "no estudo da comunicação não significa a dissolução de *seus* objetos nos das disciplinas sociais, mas a construção de articulações [...]" (2004: 220). A característica transdisciplinar é que faz da Comunicação um campo específico de estudos e exige dele abordagem teórico-metodológica adequada no tratamento, por exemplo, das linguagens da comunicação.

O campo da Comunicação tem por objeto conhecer o processo comunicativo, ou seja, as interações que se dão entre sujeitos históricos e os modos de produção/recepção de técnicas, estéticas e sentidos dessas inter-relações; aí instituídos códigos, linguagens, suportes que os viabilizam bem como os constrangimentos econômicos e políticos de sua estruturação institucional.

Conceituar a comunicação é um dos problemas de estudo desse campo. E, como é natural, há distintas correntes que se afiliam a tradições específicas, trazendo para as ciências da Comunicação, e não poderia ser de outro modo, diversificadas tendências de estudo. Para enfrentar esse problema e esclarecer o nosso lugar de fala, vale reafirmar o conceito de comunicação com o qual trabalhamos. Trata-se de entendê-lo como característica constitutiva do humano, presente em toda a relação social, inclusive nas formas de organização institucional e econômica, incorporado aos processos produtivos.

Ao ressaltar o conceito de comunicação como característica constitutiva do ser humano cuja inter-relação é necessária à vida em sociedade, abandona-se o limitado ponto de vista de que a comunicação é transmissão de informação. Na primeira metade do século XX, a Teoria Matemática da Comunicação (ou Teoria da Informação), de Claude Shannon (1948), e a psicologia behaviorista clássica, de Ivan Pavlov e de John B. Watson, influenciaram os primeiros estudos sobre os meios de comunicação, o rádio e a propaganda. Existia a ideia de que a elaboração da mensagem e de sua transmissão efetiva bastava para que a comunicação e o entendimento ocorressem. A linguagem também era estudada como código a ser manuseado para o bom proveito da composição da mensagem. Todas essas abordagens evoluíram cientificamente e hoje têm outros desdobramentos.

A comunicação vai mais além da transmissão de informação, ela é pressuposto para a convivência em sociedade. Em *Informar não é comunicar*, Dominique Wolton afirma que "a comunicação nunca é uma prática natural, mas o resultado de um processo frágil de negociação. [...] comunicar é conviver" (2010: 89).

No conceito de comunicação como característica constitutiva do ser humano, ela efetiva-se pelas linguagens, sobretudo por meio da linguagem verbal. Aqui também é preciso definir o que se entende por linguagem verbal. A princípio é primordial destacar que a linguagem verbal não é uma ferramenta. Ela não é apenas um sistema que funciona para expressar, para o exterior, um pensamento interior. Muito ao contrário. A linguagem verbal está ligada, desde a nossa origem, à produção da vida em sociedade. Para Alexis Leontiev, em *Desenvolvimento do psiquismo* (1976), a linguagem está ligada à "comunicação material dos homens". Nessa acepção, ela é fenômeno social que organiza a expressão do indivíduo/sujeito. Raymond Williams, ao tratar do tema em *Marxismo y literatura*, parte da seguinte afirmação: "Uma definição de linguagem é sempre, implícita ou explicitamente, uma definição dos seres humanos no mundo"(2009: 32).

A linguagem verbal é o objeto privilegiado de estudo na área da Comunicação. Ela interessa a esse campo do conhecimento como enunciado produzido por sujeitos sociais e, de alguma maneira, está presente em todas as outras "linguagens" (de forma híbrida e/ou sincrética; como organização e/ou planejamento). A tradição teórica que aborda a linguagem verbal como o material semiótico do pensamento conceitual e da consciência apoia-se em autores como Lev Vygotsky, Alexis Leontiev, Adam Schaff, Mikhail Bakhtin, Valentin Voloshinov, entre outros.

Vai se demarcando, portanto, uma abordagem teórica da Comunicação que trata a linguagem verbal no âmbito das relações de sentidos, construídas no processo comunicacional, na formulação de enunciados e discursos.

Nem sempre, no entanto, a linguagem verbal tem recebido um tratamento teórico-metodológico adequado nos estudos da Comunicação. Ora ela é tomada apenas como materialidade linguística, fora de seu contexto de enunciação e de sua produção discursiva, ora é ignorada quanto à sua especificidade linguística.

Esse é o motivo que originou o convite aos autores presentes nesta obra para contribuírem conosco no esclarecimento de aspectos importantes para a análise de textos comunicacionais. Trata-se de discussão introdutória e sintonizada com a tradição teórica que tem como origem os estudos linguísticos de Ferdinand de Saussure, no início do século XX.

Para avançar alguns passos sobre o tema, vale comentar a histórica polêmica em torno da dicotomia entre língua e fala, enunciada no *Curso de linguística geral* ([1916] 2011), pois ela é relevante para a Comunicação e demarcadora de linhas teóricas divergentes. Tal separação entre língua e fala é reducionista e, conforme os avanços alcançados pelos estudos na área, converte a língua em sistema rígido e impermeável à dinâmica da cultura e das práticas sociais. Williams, ao tratar dessa falsa dicotomia, afirma que "... a fusão do elemento formal e o significado [...] é o resultado de um processo real de desenvolvimento social, das atividades reais de fala no contínuo desenvolvimento de uma língua." (2009: 35).

A equivocada divisão entre língua e fala também é reconhecida pela publicação de anotações originais do próprio Saussure, descobertas em 1996. Trata-se de um conjunto de manuscritos inéditos de Ferdinand de Saussure, publicado em 2002, sob o título *Écrits de linguistique générale*, também traduzido para o espanhol como *Escritos sobre lingüística general*, de 2004. Com esses documentos, afirma-se que o fundador da moderna linguística não havia proposto a separação língua (social) e fala (individual), bem como uma série de outras dicotomias derivadas desta primeira. A linguagem verbal é uma unidade que se caracteriza por estas materialidades: língua e fala. Uma não acontece sem a outra, no tempo diacrônico e sincrônico das relações sociais. Segundo Ecaterina Bulea, no capítulo "Nuevas lecturas de Saussure", publicado na coletânea *Saussure, Voloshinov y Bajin revisitados* (2010): "Estas distinções são efetivamente de Saussure, mas têm sido, muitas vezes, mal compreendidas. O mínimo que se pode dizer é que para Saussure elas têm um estatuto metodológico e não ontológico [...]" (2010: 27).

A descoberta dos originais escritos por Saussure dá maior relevância ainda à contribuição desse autor às ciências e ratifica o caminho consolidado pelas pesquisas sobre a linguagem e a construção de sentidos. Para trazer mais alguns elementos para essa discussão, vale retomar os conceitos de texto, enunciado e discurso, muitas vezes utilizados, inapropriadamente, como sinônimos. Para o campo da Comunicação, é essencial compreender a imbricação e a simultânea especificidade de tais conceitos, visto serem eles manejados cotidianamente nas análises do processo comunicativo. Nesse sentido, introduzimos alguns elementos definidores de cada especificidade, os quais são trabalhados com apuro pelos autores que, neste livro, colaboram conosco.

Texto, enunciado, discurso

À guisa de exercício metafórico e lúdico, tomemos o tecido como um texto. O homem – inteligência, sensibilidade e capacidade – opera, com a máquina e o fio, e produz o tecido, o texto. O tecido em um padrão, o texto em um estilo. São pedaços. O tecido será vendido, utilizado e comporá uma vestimenta quando entrar em circulação para consumo, na relação com o mercado, por exemplo. O texto ganhará expressão e sentido quando, tecido, entrar na corrente das interações e usos dos discursos na sociedade.

O texto é um tecido confeccionado por uma inteligência; desse ponto de vista, tem um responsável, um autor: uma industriosa máquina humana de produção. Mas o texto só aparece como um produto industrioso quando, enunciado, torna-se discurso. Quando entra numa corrente histórica. Entra no rio de significados com outros discursos, fazendo sentido à medida que está em relação e em diálogo com outros.

Na tradição de Quintiliano, afirmam Charaudeau e Maingueneau, texto é aquilo que "reúne, junta ou organiza elementos diversos e mesmo dissociados" (2006: 466). Diferente de Ricoeur, para quem o texto é "todo discurso fixado pela escritura" (apud *Charadeau e Maingueneau*, 2006: 466). Segundo Charaudeau e Maingueneau, "o conceito de texto foi inicialmente gramatical e tipologizante". Para questionar os que defendem a frase como unidade do texto, afirmam:

> O texto revelou ser uma unidade muito complexa, para ser fechado em tipologias e para que só a coesão ou coerência linguística possam dar conta daquilo que faz sua unidade. Se existem regras de boa formação, estas regras são certamente relativas aos gêneros de discurso, ou seja, às práticas sociodiscursivamente reguladas. (2006: 467)

Desse modo, quando nos referimos ao texto, estamos tratando do material composicional disponível em uma dada cultura. Para José Luiz Fiorin, texto é "a manifestação de um discurso por meio de um plano de expressão" (1988: 83).

Por outro lado, o texto tem sempre uma finalidade: entrar no sistema da comunicação. Assim ele passa a enunciado, produzido por um enunciador, sujeito histórico situado, que entra na comunicação, ou seja, apresenta-se, revela-se na enunciação.

Para Charaudeau e Maingueneau a enunciação "constitui o pivô da relação entre a língua e o mundo: por um lado permite representar fatos no enunciado, mas, por outro, constitui por si mesma um fato, um acontecimento único definido no tempo e no espaço" (2006: 193). A enunciação é definida pela sua singularidade de fala, tempo e espaço. Para Émile Benveniste o enunciado é "a colocação em funcionamento da língua por um ato individual de utilização" (apud Charaudeau e Maingueneau, 2006: 193). O enunciado é, portanto, o produto da enunciação.

O discurso, como o tecido que serve à vestimenta, revela sua existência pelo uso, por estar na corrente da sociedade. A materialidade dele é percebida, palpável e avaliada nessa corrente de apropriações. A tessitura e o texto só serão revelados, sucessíveis de análise, na sua existência como tecido da vestimenta, discurso.

Queremos dizer com isso que o texto só é possível de ser abordado e compreendido como discurso, ou seja, no contexto de uso, em diálogo com a corrente de discursos à qual pertence.

Charaudeau e Maingueneau apontam a variedade de uso do termo *discurso*. Da noção da filosofia clássica, encadeamento de razões, às diversas correntes da Linguística e da Pragmática. Podemos pontuar o termo utilizado por Benveniste como próximo de enunciação, e para quem discurso "é a língua como assumida pelo homem que fala, e na condição de intersubjetividade que só a comunicação linguística torna possível" (apud Charaudeau e Maingueneau, 2006: 169). Para Brandão, discurso é "efeito de sentido construído no processo de interlocução [...]" (1991: 89).

Portanto, texto, enunciado e discurso são termos conceituais que têm especificidades, mas, no processo de comunicação, são um só produto. Pesquisar e analisar os processos comunicativos – na diversidade de suas linguagens – demanda compreender esses elementos basilares e requer do analista instrumental adequado para efetuar seu estudo.

A comunicação é característica constitutiva do ser humano e, como já foi enunciado antes, não pode ter seu estudo circunscrito à abordagem que a delimita a transmissão de informação. O tradicional esquema linear da comunicação – emissor → mensagem/canal → receptor –, embora didático e funcional para se tratar da troca de informação (sobretudo a informação como elemento a ser mensurado) entre máquinas e homens (a voz através do telefone, por exemplo) e entre máquinas e máquinas, é muito restritivo e inadequado para tratar da comunicação como processo de interação humana.

Ao compreendermos os aspectos definidores de texto, enunciado e discurso também ampliamos nossa compreensão do processo comunicativo, porque trazemos para a análise elementos mais complexos, tais como: o sujeito (enunciador), a situação/contexto de fala e a relação desse contexto com outros no entorno, o tema e seu destaque em determinada conjuntura, a relação de forças entre os discursos que circulam na sociedade, no tempo e no espaço da história e da memória. Analisar, por exemplo, o termo "terrorista" usado nos anos de 1960 e na atualidade remete de imediato a sentidos diferentes, a imagens e imaginários bem distintos.

Assim, os conceitos de texto, enunciado e discurso, ao serem aplicados para a análise de produtos comunicacionais, potencializam o trabalho do analista e o introduzem numa esfera do campo científico que cada vez mais precisa ser aperfeiçoada. Esses elementos (texto, enunciado e discurso) foram aqui destacados a título de sua relevância para a Análise do Discurso e para a Comunicação.

O objetivo, que esperamos cumprir, com este livro é o de oferecer aos leitores referencial teórico e metodológico com a finalidade de potencializar análises fundamentadas dos discursos da comunicação.

Feitos esses esclarecimentos introdutórios, cabe-nos agradecer aos autores que aqui contribuem conosco e passar à síntese do que cada um trata em seus respectivos capítulos.

Autores e suas contribuições

No capítulo "Conceitos e fundamentos – Enunciação e construção do sentido", a autora Helena Nagamine Brandão faz uma retrospectiva sobre o aparecimento da Análise do Discurso de vertente francesa, com as contribuições de Michel Pêcheux. Brandão traça um mapa esclarecedor sobre as relações, proximidades e diferenças entre autores fundamentais dos estudos enunciativos e de Análise do Discurso: Benveniste, Ducrot e Authier-Revuz; bem como posiciona, entre esses autores, os conceitos de dialogismo, polifonia e sujeito na extração bakhtiniana.

No capítulo "Organização linguística do discurso – Enunciação e Comunicação", José Luiz Fiorin explica a relevância dos estudos enunciativos para a Comunicação. Com exemplos e muita clareza, estrutura sua contribuição demonstrando como os efeitos de sentido são abordados por teóricos da relevância de Benveniste e Bakhtin. O autor explica que, em Benveniste, temos uma família de teorias do discurso que põe ênfase na estrutura linguística; e em Bakhtin, temos outro grupo de teorias que põe em evidência a questão da historicidade.

No capítulo "Construção coletiva da perspectiva dialógica – História e alcance teórico-metodológico", Beth Brait enuncia as contribuições do Círculo de Bakhtin para os estudos do discurso e como, no Brasil, a recepção dessas obras resulta no que se denomina *Teoria/Análise Dialógica do Discurso* (ADD). Para confirmar o alcance teórico-metodológico da ADD, a autora faz a análise de um texto jornalístico e de sua composição verbo-visual.

No capítulo "Concepção integrada de discurso – Discursividade e espaço discursivo", Maria Cecília Souza-e-Silva apresenta a abordagem da Análise do Discurso de Dominique Maingueneau. Nessa perspectiva, são propostas noções e categorias de análise que afetam a discursividade para além da relação direta entre a língua e a história. Merece destaque a ideia de que o interdiscurso precede o discurso e o tratamento do discurso se dá a partir de um sistema de restrições/coerções globais. A autora exemplifica com a análise de objetos verbais e não verbais.

No capítulo "Discurso, ficção, realidade – A construção do 'real' e do 'ficcional'", Maria Aparecida Baccega aplica os conceitos da Análise do Discurso de linha francesa para especificar o discurso do "real" e o discurso do "ficcional". Ressalta aproximações e distanciamentos entre real e ficcional e como, desse movimento, se constituem os discursos da comunicação.

Entregamos esta obra aos leitores com a intenção de oferecer contribuição para aqueles que se interessam pela Análise do Discurso. Com ela, acreditamos colocar em circulação mais ampla um aparato teórico-metodológico eficaz para o manejo dos produtos comunicacionais. Dessa forma, o campo da Comunicação constrói seus referenciais e se fortalece, produzindo conhecimento contextualizado, ancorado na história, e em diálogo com as lutas e disputas concretas da vida em sociedade.

Bibliografia

AUTHIER-REVUZ, J. *Entre a transparência e a opacidade*: um estudo enunciativo do sentido. Porto Alegre: Edipuc, 2004.

BACCEGA, M. A. *Comunicação e linguagem*: discurso e ciência. São Paulo: Moderna, 1998.

BAKHTIN, M. *Estética da criação verbal*. São Paulo: Martins Fontes, 1992.

_____. (Volochinov). *Marxismo e filosofia da linguagem*. São Paulo: Hucitec, 1988.

BENVENISTE, É. *Problèmes de linguistique générale*. Paris: Gallimard, 1966.

BRANDÃO, H. N. *Introdução à Análise do Discurso*. Campinas: Ed. da Unicamp, 1991.

BULEA, E. Nuevas lecturas de Saussure. In: RIESTRA, D. (comp.) *Saussure, Voloshinov y Bajin revisitados*. Estudios históricos y epistemológicos. Buenos Aires: Miño y Dávila, 2010.

CHARAUDEAU, P.; MAINGUENEAU, D. *Dicionário de Análise do Discurso*. São Paulo: Contexto, 2006.

FIORIN, J. L. *Linguagem e ideologia*. Coleção Princípios. São Paulo: Ática, 1988.

DUCROT, O. *O dizer e o dito*. Campinas: Pontes, 1987.

LEONTIEV, A. *Le développement du psychisme*. 3. ed. Paris: Editions Sociales, 1976.

MARTÍN-BARBERO, J. *Ofício de cartógrafo*: travessias latino-americanas da comunicação na cultura. São Paulo: Loyola, 2004.

MAINGUENEAU, D. *Análise de textos de comunicação*. São Paulo: Cortez, 2001.

PÊCHEUX, M. *Análise de discurso*: textos escolhidos por Eni Orlandi. Campinas: Pontes, 2011.

SHANNON, C.; WARREN, W. *Teoria matemática da Comunicação*. São Paulo: Difel, 1975.

RIESTRA, D. (comp.) *Saussure, Voloshinov y Bajin revisitados*. Estudios históricos y epistemológicos. Buenos Aires: Miño y Dávila, 2010.

SAUSSURE, F. *Curso de linguística geral*. 33.ed. São Paulo: Cultrix, 2011.

_______. *Escritos sobre lingüística general*. (Edición: Bouquet, Simon y Engler, Rudolf) Barcelona: Gedisa, 2004.

SCHAFF, A. *Linguagem e conhecimento*. Coimbra: Almedina, 1976.

VIGOTSKI, L. S. *Pensamento e linguagem*. 3.ed. São Paulo: Martins Fontes, 2005.

WILLIAMS, R. *Marxismo y literatura*. Buenos Aires: Las Cuarenta, 2009.

WOLTON, D. *Informar não é comunicar*. Porto Alegre: Sulina, 2011.

I – CONCEITOS E FUNDAMENTOS

Enunciação e construção do sentido

Helena Nagamine Brandão

A vertente da Análise do Discurso que vou expor está ligada à perspectiva da enunciação. Abordarei alguns autores clássicos dos estudos da língua sob o aspecto enunciativo, que são basilares para compreender o discursivo. Como meu capítulo é o primeiro, achei que seria interessante começar com a colocação de um elemento básico: como definir o objeto com que essa disciplina trabalha?

Começaremos, então, trabalhando o conceito geral de discurso, o conceito que circula consensualmente a respeito do que é esse objeto. De modo geral, reconhecem-se três elementos que o definem.

- Primeiro: O discurso ultrapassa o nível puramente gramatical, linguístico. O nível discursivo apoia-se sobre a gramática da língua (o fonema, a palavra, a frase) e sobre os aspectos extralinguísticos que condicionam a sua produção. Significa que trabalhar no nível do discurso é atuar nesses dois níveis: no nível do linguístico (fonológico, sintático, lexical) e no nível extralinguístico. A linguística teve dificuldade para aceitar esses elementos extralinguísticos, dificuldade para incorporá-los no seu campo de estudo. A abordagem do extralinguístico não exclui o linguístico na Análise do Discurso.

- Segundo: O discurso diz respeito a enunciados concretos, a falas/escritas realmente produzidas (e não idealizadas, abstratas, como as frases da gramática) e os estudos na perspectiva discursiva visam descrever como funciona a língua no seu uso efetivo, como se dá a produção de efeitos de sentidos entre interlocutores, sujeitos situados social e historicamente. Assim, o trabalho no nível discursivo tem como objeto não a frase, mas o enunciado concreto. A frase é objeto da linguística, e o objeto de uma Análise do Discurso é justamente o funcionamento da língua enquanto uso.

- Terceiro: No nível do discurso, portanto, o falante/ouvinte, escritor/leitor devem ter conhecimentos linguísticos, isto é, dominar a língua, suas regras, sua organização no nível fonológico, sintático e lexical e também conhecimentos extralinguísticos, necessários para produzir discursos adequados aos diferentes contextos de comunicação.

Essa concepção de discurso, de modo geral, é uma concepção que circula entre as diferentes tendências da Análise do Discurso. Temos hoje várias vertentes da Análise do Discurso e vamos nos ater a uma delas, a Análise do Discurso originalmente conhecida como de linha francesa. Faremos uma breve referência aos aspectos do seu surgimento.

Análise do Discurso de linha francesa

A Escola Francesa de Análise do Discurso ou Análise do Discurso de linha francesa (doravante AD) surgiu na década de 1960, na França, um país que tinha forte tradição escolar no estudo do texto literário, influenciando posteriormente estudiosos brasileiros. A década de 1960 foi um período bastante agitado do ponto de vista político e cultural, tanto em nosso país, como lá fora. Aqui nós tivemos os conhecidos festivais da MPB, por exemplo, em que se revelaram talentos musicais que até hoje estão atuando, as manifestações políticas contra a ditadura militar, o golpe de 1964. Na França também uma inquietação dominou o cenário político-social, culminando com o movimento estudantil de 1968, em que os estudantes universitários saíram às ruas pedindo reformas no ensino. A Análise do Discurso francesa procurou entender esse momento político, analisando os discursos que foram então produzidos.

Ela se debruça, inicialmente, sobre os discursos políticos, de composição bem marcada: discurso de esquerda *versus* discurso de direita. Para analisar esses discursos, a AD, definida inicialmente como o estudo linguístico das condições de produção de um enunciado, não se limita a um estudo puramente linguístico, isto é, a analisar só a parte gramatical da língua, a palavra, a frase. Ela leva em conta outros aspectos externos à língua, mas que fazem parte essencial de uma abordagem discursiva: além do contexto imediato da situação de comunicação, compreendem os elementos históricos, sociais, culturais, ideológicos, que cercam a produção de um discurso e nele se refletem. Considera-se o espaço que esse discurso ocupa em relação a outros discursos produzidos e que circulam na comunidade.

Para a AD, o uso da linguagem exige dos seus usuários um saber linguístico e também um saber que é exterior à língua que envolve aspectos histórico-ideológico-sociais, saberes adquiridos quer pela prática cotidiana, quer pela escolarização, saberes que o analista deve apreender em seus estudos.

Dentre os vários conceitos com que a AD opera, vamos relembrar três, porque básicos, presentes desde sua fundação: a noção de condições de produção, de formação ideológica e de formação discursiva.

Ao partir-se do pressuposto teórico de que num ato de linguagem o interior linguístico está permeado pelas condições exteriores, uma série de consequências se delineiam, como: considerar a não literalidade das palavras (a palavra é ambígua, atravessada pela polissemia), o sentido se forma levando em conta os contextos, um sujeito histórico produz a linguagem interagindo com outro sujeito, a linguagem é constitutivamente heterogênea. Chega-se a esse posicionamento teórico seguindo percursos, inicialmente trilhados por Pêcheux, autor que está na fundação da AD. Em seu artigo: "A Análise do Discurso: três épocas (1983)", o autor mostra três fases de constituição da Análise do Discurso.

No início, pensa-se num sistema teórico fechado, concebendo-se a formação discursiva (FD) como uma maquinaria estrutural constituída por enunciados que, num jogo parafrástico, se caracterizariam pela sua homogeneidade. Compreende-se a formação discursiva como constituída por "aquilo que pode e deve ser dito", excluindo e rejeitando para fora do espaço de apreensão do objeto o que se considerava corpo estranho. Mas, posteriormente, percebeu-se que essa maquinaria estrutural e fechada não correspondia à realidade, ao se reconhecer que toda formação discursiva é atravessada por outras formações discursivas.

Pêcheux reformula a noção de FD ao reconhecer que ela não é um espaço estrutural fechado, pois está em relação paradoxal com seu "exterior" sendo "invadida por elementos que vêm de outro lugar (isto é, de outras FDS) que se repetem nela, sob a forma de pré-construídos e de discursos transversos" (Pêcheux, 1990: 314). A noção de interdiscursividade surge para designar o "exterior específico" que irrompe no interior de uma FD. Ao se colocar a relação da FD com um exterior e anterior, vê-se obrigado a reconhecer como elementos importantes a serem considerados na análise de uma FD

> os pontos de confronto polêmico que se trava nas suas fronteiras internas, as zonas atravessadas por toda uma série de efeitos discursivos tematizados como efeitos de ambiguidade ideológica, de divisão, de réplicas estratégicas. (Pêcheux, 1990: 314)

O sujeito do discurso concebido, de início, como puro efeito de assujeitamento ao dispositivo da FD, com o qual se identifica, vai sendo também contaminado por essa preocupação nova (o exterior como constitutivo do interior discursivo) que leva ao questionamento da própria concepção original da FD e ao reconhecimento do discurso como um objeto heterogêneo. Sob o primado teórico do outro sobre o mesmo, procura-se tematizar as formas linguístico-discursivas do discurso outro e da identidade discursiva.

Surge, para essa concepção de FD, o conceito de heterogeneidade: uma formação discursiva está sempre em interação com outras formações discursivas em que vários discursos estão ora em relação de conflito, ora de aliança, e a linguagem é vista como uma arena de lutas.

Com a ideia de heterogeneidade, reconhece-se que a linguagem não é transparente, mas marcada por uma opacidade em que se abrigam vários sentidos podendo conotar esquemas, ideais, valores e crenças semanticamente opostos. Pêcheux aborda essa questão no seguinte fragmento:

> [...] O sentido de uma palavra, de uma expressão, de uma proposição, etc., não existe em si mesmo, isto é, em sua relação transparente com a literalidade do significante, mas ao contrário é determinada pelas posições ideológicas que estão em jogo no processo sócio-histórico no qual as palavras, expressões e proposições são produzidas [...]. Poderíamos resumir essa tese dizendo: as palavras, expressões, proposições, etc., mudam de sentido segundo as posições sustentadas por aqueles que as empregam, o que quer dizer que elas adquirem seu sentido em referência a essas posições, isto é, em referência às formações ideológicas [...] nas quais essas posições se inscrevem. (1988: 160)

Assim, se a palavra é polissêmica, plurissignificativa, a desambiguização do sentido se dá levando em conta as condições de produção do discurso, a formação discursiva em que esse discurso se inscreve e a formação ideológica a que se filia.

A noção de condições de produção pode ser definida como o conjunto dos elementos que cerca a produção de um discurso. No sentido mais restrito, diz respeito à situação de enunciação que compreende o eu-aqui-agora; num sentido mais amplo, compreende o contexto sócio-histórico-ideológico que envolve os interlocutores, o lugar de onde falam, a imagem que fazem de si, do outro e do objeto de que estão tratando. Todos esses aspectos devem ser levados em conta quando procuramos entender o sentido de um discurso.

Por formação ideológica entende-se o conjunto complexo de atitudes e representações que não são nem individuais nem universais, mas dizem respeito, direta ou indiretamente, às posições de classe social, política, econômica de onde se fala ou escreve e têm a ver com as relações de poder que se estabelecem entre os indivíduos e que são expressas quando interagem entre si. Cada formação ideológica pode compreender várias formações discursivas em interação. É nesse sentido que podemos falar em uma formação ideológica colonialista, uma formação ideológica capitalista, neoliberal, socialista, religiosa, etc.

Pêcheux assim define formação discursiva:

> [...] aquilo que, numa formação ideológica dada, isto é, a partir de uma posição dada numa conjuntura dada, determinada pelo estado da luta de classes, determina o que pode e deve ser dito (articulado sob a forma de uma arenga, de um sermão, de um panfleto, de uma exposição, de um programa, etc.). Isso equivale a afirmar que as palavras, expressões, proposições, etc., recebem seu sentido da formação discursiva na qual são produzidas [...] as formações discursivas representam "na linguagem" as formações ideológicas que lhes são correspondentes. (1988: 160-1)

Dessa forma, uma mesma palavra pode ter sentidos diferentes de acordo com a formação discursiva e ideológica em que se inscreve; é necessário estar atento ao jogo polissêmico que mascara sob a aparência do mesmo o outro sentido, ou os sentidos indesejados. Nas palavras de Pêcheux:

> [...] se uma mesma palavra, uma mesma expressão e uma mesma proposição podem receber sentidos diferentes [...] conforme se refiram a esta ou àquela formação discursiva, é porque uma palavra, uma expressão ou uma proposição não tem um sentido que lhe seria "próprio", vinculado a sua literalidade. Ao contrário, seu sentido se constitui em cada formação discursiva, nas relações que tais palavras, expressões ou proposições mantêm com outras palavras, expressões ou proposições da mesma formação discursiva. (1988: 161)

No início da AD, a recusa à literalidade do sentido provocou muita discussão; essa concepção de não literaridade deve ser entendida no nível discursivo e no interior de uma formação discursiva, isto é, na medida em que para a

AD todo discurso é produzido histórica e socialmente. Por outro lado, por um processo ideológico geralmente velado, palavras, expressões diferentes podem encobrir o mesmo sentido num jogo estratégico de relações parafrásticas que levam a uma espécie de monofonização, univocalidade, consenso, apagando diferenças que geralmente são conflituais.

> De modo correlato, se se admite que as mesmas palavras, expressões e proposições mudam de sentido ao passar de uma formação discursiva a outra, é necessário também admitir que palavras, expressões e proposições literalmente diferentes podem, no interior de uma formação discursiva dada, "ter o mesmo sentido", o que representa, na verdade, a condição para que cada elemento (palavra, expressão ou proposição) seja dotado de sentido. (Pêcheux, 1988: 161)

A título de ilustração, vejamos um texto publicado na *Folha de S.Paulo* em 2008, de autoria de Fernando Rodrigues:

> *Estatização, palavra polêmica*
>
> *Washington – Banqueiros e governos falam de "injeção de recursos" e "compra de ações" de instituições financeiras encrencadas. Evita-se sempre a expressão "estatização". É um tabu como era no passado falar em público a respeito de alguém com câncer. Românticos de Cuba reclamam dessa novilíngua do poder – apenas com razão parcial, pois é necessário ponderar as nuanças do atual cenário. Do ponto de vista linguístico, o termo "estatização" está correto. Se um banco privado passa a ser controlado pelo governo, torna-se uma entidade estatal.*
>
> *Mas há também a carga ideológica dentro da expressão. Quando nos países socialistas houve estatização, tratava-se de medida para a vida toda. Pelo menos essa era a intenção de soviéticos e seus satélites durante décadas no século passado. Ou seja, ao dizer simplesmente "EUA estatizam bancos" conta-se só metade da história. Engana-se quem imagina a Casa Branca tomada por neobolcheviques, capitulando aos ensinamentos de Marx. Na realidade, não há o menor sinal de uma política para aumentar a presença do Estado na economia de maneira perene. Nenhum integrante da equipe econômica norte-americana defende a estatização eterna das instituições bancárias agora socorridas.*
>
> *A ideia do pacotão de George W. Bush é tentar salvar o capitalismo. Se for necessário torrar dinheiro público, cumpra-se. Passada a turbulência, o movimento será de vender de volta todos os bancos para a iniciativa privada.* [...]
>
> (*Folha de S.Paulo*, 13/10/2008, Primeiro Caderno, p. 2)

O texto ilustra, de forma exemplar, as artimanhas da linguagem no jogo enunciativo-discursivo da construção dos sentidos. Sem ser linguista, mas um usuário proficiente da língua, proficiência aguçada por uma competência jornalística, o autor distingue os sentidos de estatização do ponto de vista linguístico (o dicionarizado) e do ponto de vista discursivo, isto é, levando-se em conta os aspectos extralinguísticos (as condições sociopolíticas e ideológicas) em que o termo está sendo empregado no contexto atual.

No fundo, o que o jornalista quer mostrar é que o termo "estatização" é uma palavra polêmica, porque o seu sentido varia de acordo com a formação discursiva e a formação ideológica a que remete (marxista ou capitalista). Como se trata de descrever o que ocorre no cenário econômico capitalista, o uso do termo tem sido evitado e, em seu lugar, usam-se expressões eufemísticas como "injeção de recursos" e "compra de ações". Essas opções lexicais são criticadas por aqueles que veem na substituição mera encenação parafrástica para o mesmo fenômeno (estatização). O locutor, no entanto, mostra o matiz semântico que diferencia a estatização dos marxistas e essa alegada "estatização" americana. Na verdade, não se trata de estatização, no sentido original do termo, pois a estratégia política do governo americano é "tentar salvar o capitalismo". Mostra, portanto, que o mesmo termo não tem o mesmo sentido para uma e outra formação discursiva. Vamos ao que diz Pêcheux:

> [...] o sistema da língua é o mesmo para o materialista e para o idealista, para o revolucionário e para o reacionário, para o que dispõe de um conhecimento dado e para o que não dispõe. Isso não resulta que eles terão o mesmo discurso: a língua aparece como a base comum de processos discursivos diferenciados. (1988: 81)

O que queremos ressaltar nesse fragmento são as duas noções fundamentais que aparecem na AD, noções fundamentais que estão opostas, mas não excludentes: base linguística e processo discursivo ideológico.

A noção de base linguística compreende todo o sistema linguístico (a gramática da língua) enquanto conjunto de estruturas fonológicas, morfológicas, lexicais, sintáticas. Dotado de relativa autonomia, o sistema linguístico é regido por leis internas. Essa base linguística subjaz ao nível discursivo: a língua constitui a condição de possibilidade do discurso. Os processos discursivos constituem a fonte da produção dos efeitos de sentido no discurso, sendo a língua o lugar material em que se realizam esses efeitos de sentido. Rejeita-se, portanto, qualquer hipótese de uma discursividade enquanto utilização "acidental" do sistema linguístico.

A preocupação de Pêcheux é inscrever o processo discursivo em uma relação ideológica de classes, pois reconhece que se a língua é indiferente à divisão de classes sociais e à sua luta (daí a relativa autonomia do sistema linguístico), mas aquelas (as classes sociais) não o são em relação à língua, utilizando-a de acordo com o campo de seus antagonismos. A língua é indiferente às classes sociais, à ideologia, mas o discurso não o é. O falante utiliza a língua de acordo com a sua posição social e ideológica. Nesse contexto, o lugar do falante na perspectiva da Análise do Discurso é crucial.

Sujeito do discurso

O sujeito na AD é essencialmente marcado pela historicidade, fato inconcebível para uma semântica formal preocupada com a vericondicionalidade ou para o estruturalismo vigente. Quando Saussure trabalha a dicotomia língua e fala, elege como objeto da ciência linguística justamente a língua por ela constituir um sistema, um conjunto estruturado, comum aos falantes de uma determinada comunidade, abstraído das particularidades dos eventos da fala. Embora reconhecesse que a fala também fosse importante, naquele momento, que é o momento da vigência da filosofia cartesiana, do positivismo, só era possível eleger como objeto da linguística a língua, por ser sistematizável, generalizável (em oposição à variabilidade e multifacetação da fala).

Assim, esse sujeito essencialmente marcado pela historicidade não é o sujeito abstrato da gramática, mas um sujeito situado no contexto sócio-histórico de uma comunidade, num tempo e espaço concretos. É um sujeito interpelado pela ideologia, sua fala reflete os valores, as crenças de um grupo social. Não é único, mas divide o espaço de seu discurso com o outro, na medida em que, na atividade enunciativa, orienta, planeja, ajusta sua fala tendo em vista um interlocutor real, e também porque dialoga com a fala de outros sujeitos, de outros momentos históricos, em um nível interdiscursivo. Sua fala/escrita apresenta efeitos polifônicos, porque no seu discurso outras vozes também falam. O sujeito se forma, se constitui na relação com o outro, percebendo sua alteridade; isto é, da mesma maneira que toma consciência de si mesmo na relação com esse outro, o sujeito do discurso se constitui, se reconhece como tendo uma determinada identidade na medida em que interage com outros discursos, com eles dialogando, comparando pontos de vista, divergindo, etc. A emergência desse conceito de sujeito, marcado pela relação identidade-alteridade, voltado para a interação eu/outro, é um acontecimento teórico importante introduzido pela Análise do Discurso.

Heterogeneidade do discurso

Outro conceito, também importante, é o de heterogeneidade constitutiva no nível do discurso. Voltando um pouco na nossa reflexão, lembremo-nos que, na concepção inicial de formação discursiva, entendia-se que toda FD era um sistema fechado, constituído por enunciados homogêneos, gerados parafrasticamente. Depois, há um deslocamento teórico importante que vai implodir essa ideia de uma FD fechada, homogênea com a introdução da noção de interdiscurso. Se no interior de um discurso há elementos vindos de outro lugar, de outros discursos, porque um discurso não existe sozinho, ao contrário, está em constante interação com outros discursos, toda FD é um sistema de dispersão que se define em sua relação paradoxal com outras FDs que a atravessam trazendo o outro (a alteridade) para o seu interior, o mesmo. Essa relação do outro-mesmo de uma FD dá a Pêcheux e a outros estudiosos o reconhecimento de que a heterogeneidade é constitutiva do discurso.

A forma de apreender essa propriedade fundamental da linguagem, que é a heterogeneidade, é analisando e prestando atenção na enunciação, observando as marcas específicas que remetem à instância em que os enunciados são produzidos. A enunciação é definida por Todorov e Ducrot como:

> [...] ato pelo qual enunciados, frases, sequências, etc., se realizam, assumidos por um locutor particular, em circunstâncias espaciais e temporais precisas. A presença de elementos linguísticos como eu, tu, aqui, agora... no enunciado manifesta o vínculo entre enunciado e enunciação. (1987: 303)

Uma tendência da AD, hoje, tem se preocupado com a questão da enunciação, dialogando com a linguística da enunciação, com a semântica da enunciação. Por esse motivo, trazemos a contribuição de alguns linguistas que estudaram a problemática da enunciação e a quem analistas do discurso têm recorrido para melhor compreender seu objeto de análise. O pioneiro dos estudos enunciativos é Roman Jakobson que, preocupado com questões de poética, fez estudos fundamentais sobre as funções da linguagem baseados em aspectos enunciativos. No entanto, o pai da linguística da enunciação é Benveniste, cujas ideias sobre subjetividade e suas formas de inscrição na língua serão aqui focalizadas. A seguir, trabalharemos com Bakhtin, cuja concepção de enunciação situa-se numa vertente sociointerativa. Depois serão abordados dois teóricos, que, a partir da leitura de Bakhtin, problematizam em nível mais estritamente linguístico a questão da enunciação: Jacqueline Authier-Revuz, e Oswald Ducrot. Básico em todos eles é o fato de reconhecerem no ato enunciativo um modo heterogêneo de manifestação da linguagem e, por isso, fornecerem ao analista do discurso instrumental produtivo para exploração de um *modus operandi* que possibilite trabalhar imbricadamente a materialidade linguística e o nível discursivo (na proposição de Pêcheux, referidos como base linguística e processar discursivo).

Benveniste: enunciação e subjetividade na linguagem

Benveniste define a subjetividade como "a capacidade de o locutor se propor como sujeito" do seu discurso. Para ele, "A linguagem só é possível porque cada locutor se apresenta como sujeito, remetendo a ele mesmo como eu no seu discurso" (1976: 286). Dessa forma, a subjetividade se funda no exercício da língua. Só se apreende a subjetividade em um discurso porque esse discurso foi concretamente produzido por um sujeito, um "eu" que se dirige a um outro, um 'tu', a respeito de um determinado referente, de um determinado objeto.

Para esse autor:

> A linguagem está na natureza do homem, que não a fabricou [...] não atingimos nunca o homem separado da linguagem e não o vemos nunca inventando-a [...]. É um homem falando que encontramos no mundo, um homem falando com outro homem, e a linguagem ensina a própria definição de homem. (Benveniste, 1976: 285)

Ou seja, a linguagem não é um instrumento, por exemplo, como o machado que o homem desenvolveu, fabricou; a linguagem está na própria *humanidade* do homem. Não existe um momento primordial em que se começa a falar, se inventa a linguagem; o homem nasce com a linguagem que é constitutiva de sua natureza.

E como se pode apreender concretamente o sujeito no exercício dessa linguagem? Ele vai dizer que é através das pistas, das marcas que todo discurso deixa. Na Parte v, "O homem na língua", de sua obra *Problemas de linguística geral* (1976), dedica alguns capítulos para tratar especificamente dessas marcas que denunciam, que mostram a presença do homem, como o homem se manifesta na linguagem.

Ele trabalha, por exemplo, a estrutura das relações de pessoa no verbo. Afirma que todas as línguas que têm verbos, têm pessoas e analisa as relações de pessoas: "eu", "tu" e "ele". "Eu" e "tu" são pessoas, o primeiro pessoa subjetiva e o segundo, pessoa não subjetiva. As pessoas "eu-tu" se opõem a "ele", que seria, baseado na gramática dos árabes, a não pessoa, estabelecendo a oposição "eu/tu" *versus* "ele".

O reconhecimento dessa relação no sistema pronominal leva-o a examinar também as relações de tempo no verbo francês. Ele vai mostrar que o tempo verbal no francês não constitui um sistema único; distribui-se em dois sistemas distintos e complementares que permanecem disponíveis para cada locutor. A eles correspondem dois planos de enunciação diferentes: o da história e o do discurso.[1] No plano enunciativo da história, os fatos são narrados no passado e os tempos verbais empregados são todos do passado.

> A enunciação histórica [...] caracteriza a narrativa dos acontecimentos passados [...]. Trata-se da apresentação dos fatos sobrevindos a um certo momento do tempo, sem nenhuma intervenção do locutor na narrativa. Para que possam ser registrados como se tendo produzido, esses fatos devem pertencer ao passado [...]. Definiremos a narrativa histórica como o modo de enunciação que exclui toda forma linguística "autobiográfica". O historiador não dirá jamais *eu* nem *tu* nem *aqui* nem *agora*, porque não tomará jamais o aparelho formal do discurso que consiste em primeiro lugar na relação de pessoa *eu:tu*. Assim, na narrativa histórica estritamente desenvolvida, só se verificarão formas de terceira pessoa. (Benveniste, 1976: 262)

Assim, predomina nesse plano enunciativo a não pessoa, isto é, proscreve-se tudo que é estranho à narrativa dos acontecimentos, eliminando-se reflexões, comparações, qualquer elemento que marque subjetividade. Aliás, é como se não houvesse narrador: "Os acontecimentos são apresentados como se produziram, à medida que aparecem no horizonte da história. Ninguém fala aqui; os acontecimentos parecem narrar-se a si mesmos." (1976: 267).

Em contraposição a esse plano da narrativa histórica, situa-se o plano enunciativo do discurso, que compreenderia toda enunciação que envolve um locutor com a intenção de influenciar, de algum modo, o outro, seu interlocutor. Engloba toda a diversidade dos gêneros de discursos orais e escritos "nos quais alguém se dirige a alguém, se enuncia como locutor e organiza aquilo que diz na categoria da pessoa". Dessa forma, o plano enunciativo do discurso distingue-se da enunciação histórica pela escolha dos tempos verbais e pelo emprego do sistema pronominal.

> O [plano enunciativo do] discurso emprega livremente todas as formas pessoais do verbo, tanto *eu/tu* como *ele*. Explícita ou não, a relação de pessoa está presente em toda parte. Consequentemente a terceira pessoa não tem o mesmo valor que na narrativa histórica. Nesta, não intervindo o narrador, a *terceira pessoa* não se opõe a nenhuma outra; é na verdade uma ausência de pessoa. No [plano enunciativo do] discurso, porém, um locutor opõe uma não pessoa *ele* a uma pessoa *eu/tu*. Igualmente, o registro dos tempos verbais é muito mais amplo no discurso: de fato, todos os tempos são possíveis [...].[2] (Benveniste, 1976: 268)

As pesquisas de Benveniste serviram de inspiração a outros estudiosos como H. Weinrich,[3] que trabalhou os conceitos de mundo do relato e mundo do comentário, aplicando-os em textos de língua francesa para mostrar que o sistema temporal dos verbos nessa língua, do ponto de vista discursivo, não serve só para indicar tempo cronológico, mas posicionamentos do enunciador ante o objeto de sua fala, caracterizando a situação comunicativa como Relato (que corresponderia ao plano enunciativo da narrativa histórica de Benveniste) ou como Comentário (que corresponderia ao plano enunciativo do discurso).[4]

No volume 2 de *Os problemas de linguística geral* (1989), no capítulo "O aparelho formal da enunciação", Benveniste apresenta uma espécie de sistematização teórica dos conceitos que balizaram sua pesquisa de caráter mais empírico compreendida em "O homem na língua". Inicia fazendo uma distinção entre as condições de emprego das formas (que dizem respeito à descrição da diversidade das estruturas linguísticas e remetem a um grande número de modelos) e condições de emprego da língua ("um mecanismo total e constante que, de uma maneira ou de outra, afeta a língua inteira", e diz respeito à produção do discurso por meio de atos de enunciação).

Partindo da afirmação de que "o discurso é produzido cada vez que se fala", define enunciação como o "colocar em funcionamento a língua por um ato individual de utilização" e chama a atenção para "a condição específica da enunciação: é o ato mesmo de produzir um enunciado, e não o texto do enunciado [...]. Este ato consiste em o locutor mobilizar a língua por sua conta. A relação do locutor com a língua é determinada pelos caracteres linguísticos da enunciação" (Benveniste, 1989: 82).

O propósito do artigo é "definir a enunciação no quadro formal de sua realização [isto é,] esboçar, no interior da língua, os aspectos formais da enunciação a partir da manifestação individual que ela atualiza" (Benveniste, 1989: 83).

Para o autor, antes da enunciação a língua é apenas uma possibilidade; na enunciação o locutor realiza um processo de apropriação do aparelho formal da língua e, ao mesmo tempo em que enuncia sua posição de locutor por meio de índices específicos, implanta o outro diante de si:

> A condição mesma dessa mobilização e dessa apropriação da língua é, para o locutor, a necessidade de referir pelo discurso, e, para o outro, a possibilidade de correferir identicamente, no consenso pragmático que faz cada locutor um colocutor. A referência é parte integrante da enunciação. (Benveniste, 1989: 84)

Destacam-se neste fragmento dois aspectos que configuram uma posição singular de Benveniste: a primeira, o fato de caracterizar toda enunciação como uma alocução, isto é, postular um alocutário, trazendo para a instância da enunciação o interlocutor na medida em que fala em correferir e colocutor; a segunda, o fato de colocar no interior do mecanismo da enunciação a questão da referência, isto é, a questão da semantização da língua, da construção do sentido na instância da enunciação.

A enunciação vista como um "ato individual de apropriação da língua" mobiliza um jogo de formas linguísticas específicas que vão marcar a subjetividade, a relação intersubjetiva, a posição do locutor em relação ao referente de que fala e em relação a seu próprio ato de enunciação. Benveniste faz uma espécie de inventário dessas formas:

- os índices de pessoa (a relação eu-tu) que emergem apenas na e pela enunciação;
- os índices de ostensão (tipo este, aqui, lá...), termos que implicam um gesto que aponta para o objeto no momento da enunciação;
- o paradigma inteiro das formas temporais (como os tempos verbais cuja forma axial é o presente, que coincide com o momento da enunciação), que se determinam em relação a EGO, centro da enunciação;
- um aparelho de funções sintáticas que se realizam na e pela enunciação na medida em que o enunciador se serve da língua para influenciar de algum modo o comportamento do alocutário. São, por ex., a interrogação, a intimação, a asserção, todos os tipos de modalidades

formais (como os modos verbais – optativo, subjuntivo; expressões/itens lexicais pertencentes à fraseologia indicando incerteza, possibilidade, indecisão, etc.;

- o quadro figurativo da enunciação que coloca em cena duas figuras igualmente necessárias (o *eu* e o *tu* que estruturam o diálogo) e caracteriza a acentuação da relação discursiva entre os protagonistas da enunciação.

Bakhtin: enunciação e interação social

De Bakhtin, iremos destacar suas considerações sobre a natureza social do ato de enunciação:

> [...] A enunciação é o produto da interação de dois indivíduos socialmente organizados e mesmo que não haja um interlocutor real este pode ser substituído pelo representante médio do grupo social ao qual pertence o locutor. A palavra dirige-se a um interlocutor, ela é função da pessoa desse interlocutor, não pode haver interlocutor abstrato. (Bakhtin/Voloshinov, 1979: 98)

A interação é uma questão central em Bakhtin, porque sua concepção de linguagem tem como princípio básico o dialogismo, mas diferentemente de Benveniste, na relação *eu-tu* acentua-se o aspecto social:

> [...] a situação social mais imediata e o meio social mais amplo determinam completamente a estrutura da enunciação. A situação dos participantes mais imediatos determina a forma e o estilo ocasionais da enunciação, os estados mais profundos da sua estrutura são determinados pelas pressões sociais mais substanciais e duráveis a que está submetido o locutor. Toda a tomada de consciência implica um discurso interior, entonação interior, estilo interior ainda que rudimentares, sem uma orientação social de caráter apreciativo não há atividade mental. (Bakhtin/Voloshinov, 1979: 99-100)

Enfatizando a orientação social e o caráter apreciativo dessa relação, Bakhtin recusa um "eu" individualizado cuja atividade mental tende para a autoeliminação e perda da sua modelagem ideológica e, consequentemente, do seu grau de consciência, e propõe um nós, sujeito social que se marca por uma atividade diferenciada. Esta diferenciação se dá no nível ideológico, no grau de consciência em relação à orientação social. Esse nós, sujeito social, unidade que se constitui na multiplicidade, fruto da interação conflitual entre o "eu e o outro", é o sujeito inserido na memória e na história, diferente do sujeito transcendental, abstrato, fora de qualquer orientação histórica, social e política.

> [...] Então, o centro organizador de toda a enunciação, de toda a expressão, não é interior, mas exterior, está situado no meio social que envolve o indivíduo. Toda palavra é ideológica e toda a utilização da língua está ligada à evolução ideológica, a estrutura da enunciação é uma estrutura puramente social, a enunciação como tal só se torna efetiva entre falantes. (Bakhtin/Voloshinov, 1979: 113)

Por isso, para Bakhtin, a palavra não é monológica, mas plurivalente, o dialogismo passa a ser, no quadro de suas formulações, uma condição constitutiva do sentido. Baseado nesse pressuposto, elabora o conceito de polifonia analisando textos literários e da literatura popular, por ele denominada também de carnavalesca, em que o narrador se investe de uma série de máscaras diferentes e representa várias vozes a falarem simultaneamente, sem que uma dentre elas seja preponderante e julgue as outras. A eles opõe uma outra categoria de textos, aqueles em que numa fala monológica, uma só voz se faz ouvir e as várias consciências presentes na obra são objetos de um narrador.

Sua concepção de interação verbal e de diálogo pressupõe a ideia de que toda comunicação verbal, de qualquer tipo, faz parte de uma corrente de comunicação ininterrupta em que o "outro" está sempre pressuposto não de forma passiva, mas ativa, orientando a construção do discurso. Essa valorização do papel do outro vai levar Bakhtin a formular a questão da compreensão, opondo uma compreensão passiva a uma compreensão ativa. A compreensão passiva é aquela dos filólogos, que olha o texto como um código a ser decifrado, e a compreensão ativa é a que tem o germe de uma resposta; quer dizer, o leitor aborda o texto de forma responsiva, o texto enquanto *signo*, signo móvel (e não enquanto *sinal*, código) carregado de sentidos, o que exige do leitor uma réplica, um posicionamento.

> Compreender a enunciação de outrem significa orientar-se em relação a ela, encontrar o seu lugar adequado no contexto correspondente. A cada palavra da enunciação que estamos em processo de compreender, fazemos corresponder uma série de palavras nossas, formando uma réplica. Quanto mais numerosas e substanciais forem, mais profunda e real é a nossa compreensão. [...] A compreensão é uma forma de diálogo, ela está para a enunciação assim como uma réplica está para outra no diálogo. Compreender é opor à palavra do locutor uma contrapalavra [...]. (Bakhtin/Voloshinov, 1979: 117-8)

Como corolário dessa percepção do ato de compreender, os autores opõem-se a uma concepção do sentido que vê na palavra sempre um valor estável e idêntico a si mesmo. Ao contrário, propõem que o sentido de uma palavra é "traço de união entre os interlocutores" e só se realiza no processo de compreensão ativa e responsiva. Assim entendida, a significação "é o efeito da interação do locutor e do receptor"; é um processo interativo de coconstrução entre os falantes envolvidos no ato de enunciação. Processo que, por ser concreto, real e dinâmico, os falantes imprimem sempre um acento valorativo ou apreciativo:

> [...] Toda palavra usada na fala real possui [...] acento de valor ou acento apreciativo [...]. Sem acento apreciativo não há palavra. [...] Não se pode construir uma enunciação sem modalidade apreciativa. Toda enunciação compreende antes de mais nada uma orientação apreciativa. É por isso que, na enunciação viva, cada elemento contém ao mesmo tempo um sentido e uma apreciação. (Bakhtin/Voloshinov, 1979: 118)

Dentre os vários legados de Bakhtin, outra noção, que é fundamental, é a de gênero do discurso. Como na sua teoria dá-se ênfase à interação, à enunciação como forma de interação social pela linguagem, afirma que toda esfera de atividade humana possui formas de expressão próprias. Por uma questão de economia comunicativa, o enunciado produzido dentro de uma determinada esfera é *relativamente estável* em relação ao tema, à estrutura e aos recursos linguísticos: "cada esfera de utilização da língua elabora seus tipos relativamente estáveis de enunciados, sendo isso que denominamos gêneros do discurso" (Bakhtin, 1992: 279). Pela multiplicidade das atividades humanas, os gêneros são heterogêneos. É uma noção que tem sido bastante produtiva na Análise do Discurso.

Percebemos como o pensamento de Benveniste e o pensamento de Bakhtin se caracterizam e se diferenciam. O de Benveniste é mais o de um pensador da linguística, o de Bakhtin é mais de um filósofo ou sociólogo da linguagem, voltado para a questão da língua enquanto acontecimento social. Diria que ambos, no entanto, são complementares: se Benveniste fornece os fundamentos linguísticos para sedimentar uma abordagem da base linguística que suporta o discurso, Bakhtin fornece simultaneamente os fundamentos do processar discursivo da construção do sentido que exige do olhar do analista um espraiar-se para além do estritamente linguístico.

Authier-Revuz: a heterogeneidade do discurso

Jaqueline Authier-Revuz não é uma analista do discurso, ela se define como pertencente à linguística da enunciação, mas tem afinidades teóricas com a Análise do Discurso de linha francesa, talvez porque convivera com Pêcheux, um filósofo da linguagem. Influenciada pela leitura de Bakhtin e pela Psicanálise, elabora uma teoria da enunciação em que o princípio do dialogismo resulta numa concepção do discurso assentada na característica heterogênea da linguagem e numa concepção de sujeito afetado pela divisão entre o consciente e o inconsciente. Enfim, ela questiona tanto uma concepção homogeneizadora da discursividade como a unicidade significante do sujeito. Para ela, a heterogeneidade é uma propriedade constitutiva (e não acidental, acessória) da linguagem; essa característica própria da linguagem pode ser apreendida no fio do discurso, na superfície, na materialidade linguística do enunciado, através de marcas, indícios que mostram/sinalizam o "outro". O discurso não é fechado nele mesmo, ele está o tempo todo remetendo ao "outro", o "outro" aqui entendido como o outro/meu interlocutor e também os outros discursos, produzidos alhures e que atravessam toda enunciação; nessa perspectiva entende-se que todo discurso é produto do interdiscurso.

Sendo o discurso heterogêneo, o sujeito que ele preconiza também é um sujeito heterogêneo, afetado pelo outro-interlocutor, pelo outro-interdiscursivo e, ainda, pela divisão entre o nível consciente do dizer e o nível inconsciente que faz aflorar ou apagar discursivamente elementos indesejáveis: "[...] o sujeito é dividido, clivado, cindido, fendido..." entre o inconsciente e o consciente. Não há centro para o sujeito, "o sujeito é efeito de linguagem" (Authier-Revuz, 2004: 64-5). Nesse sentido o discurso é uma dispersão de sujeitos e o sujeito é descentrado, isto é, o sujeito não é adâmico, aquele que profere demiurgicamente a palavra original; não é o senhor da palavra, o discurso não emerge de um sujeito só, o discurso emerge de um sujeito dialogando com o outro e com outros discursos, pois "sob nossas palavras, 'outras palavras' sempre são ditas; [...] atrás da linearidade 'da emissão por uma única voz', se faz ouvir uma 'polifonia' [...] o discurso é constitutivamente atravessado pelo discurso do Outro" (Authier-Revuz, 2004: 69).

Apresenta duas formas de heterogeneidade: a constitutiva, própria da natureza da linguagem (que corresponderia ao princípio do dialogismo de

Bakhtin); e outra, a mostrada, que se manifesta por formas linguísticas que representam diferentes modos da negociação do sujeito falante com a heterogeneidade constitutiva do seu discurso; são, portanto, formas que alteram a unicidade da cadeia discursiva, aí inscrevendo o outro. Assim, porque se reconhece que o discurso é heterogêneo e que o sujeito divide o espaço com o outro, ao falar ou escrever o sujeito faz uma espécie de negociação com o outro: ele delimita, localiza no próprio discurso que produz, o espaço desse outro para indicar o território que é dele próprio.

Essa delimitação se faz mostrando na superfície linguística, na materialidade linguística do enunciado índices que denunciam o lugar do um e do outro e podem ser de duas formas: marcadas e não marcadas. As marcadas são de duas categorias:

1) as que apresentam índices formais como as que aparecem no discurso direto (verbo de dizer + dois pontos), no discurso indireto (os conectivos *que* ou *se* + mudança nos tempos verbais e formas pronominais), nas expressões que indicam de onde procede a voz (como: segundo, conforme, do ponto de vista de, etc.);

2) as que são sinalizadas de forma mais sutil, não apresentando ruptura sintática nem expressões que marcam a procedência da fala, mas algum sinal que denuncie a fala outra como marcas gráficas do tipo aspas, parênteses, itálico, negrito, etc., ou o uso de expressões de outra língua (cozer o macarrão *al dente*), o emprego de um registro familiar num discurso formal, acadêmico ou vice-versa, o uso de gírias, jargões técnicos em discursos em que essas expressões entram como corpo estranho, as diferentes formas de metalinguagem, de ajuste da palavra ao cotexto (isto é, no melhor sentido, no sentido X), etc.

São todas estratégias do falante que assinalam um ponto de heterogeneidade no fio do discurso: os da primeira categoria marcam mais explicitamente a alteridade, a quem cabe a responsabilidade do fragmento citado que é extraído da cadeia enunciativa normal, do contexto natural em que apareceu e é remetido a outro lugar, inserido em outro ato de enunciação. As formas marcadas da segunda categoria remetem a uma alteridade enunciativa que se dobra sobre a própria enunciação, sinalizando um sentido especial ou outro sentido, conotado na voz de um enunciador outro. É um jogo estratégico em que o falante, reconhecendo a heterogeneidade como propriedade constitutiva da linguagem, utiliza-se de recursos que intervêm na linearidade da cadeia enunciativa visando à construção de uma identidade discursiva que lhe seja própria. Ao circunscrever assim o ponto heterogêneo como corpo estranho, "defeito" local, remete-se ao exterior, delimitando um interior do discurso. Pelo tipo de relação que se joga com o outro, estabelece-se uma relação de cumplicidade ou de polêmica, de aliança ou de negação, fundamental para a constituição da identidade discursiva.

Por outro lado, existe uma outra classe de heterogeneidade mostrada que não é marcada e que se manifestaria, por exemplo, no discurso indireto livre, na ironia, na imitação, no pastiche, em que a fronteira entre o um e o outro não estaria delimitada. Para entender esses discursos é necessário recorrer aos diferentes contextos. A fronteira ficando diluída, a identidade dos discursos fica ameaçada, podendo gerar incompreensão ou construção de sentidos equivocados. Num discurso irônico, por ex., um leitor/ouvinte pode não perceber a voz irônica que subjaz à superfície discursiva e que conota um outro enunciador, diluindo o outro no um.

O dialogismo atravessa a teoria da heterogeneidade de Authier-Revuz, pois ele está na raiz de toda a problemática da interdiscursividade como elemento constitutivo da discursividade e do sujeito.

Ducrot: a teoria polifônica da enunciação

Também inspirado no princípio do dialogismo de Bakhtin, Ducrot propõe uma teoria da enunciação de caráter polifônico. Mas se Bakhtin trabalha com textos maiores, enunciados da narrativa literária, Ducrot vai explorar o conceito de polifonia no interior da linguística. Seu propósito é aplicar o conceito de polifonia ao nível do enunciado, refutando a tese da unicidade do sujeito da enunciação: para cada enunciado – um sujeito; tese que pressupõe que "há um ser único autor do enunciado e responsável pelo que é dito no enunciado". Para ele, um mesmo enunciado pode ter vários sujeitos; isto é, num jogo polifônico, um enunciado pode apresentar várias vozes.

Em oposição à frase, considerada uma entidade abstrata da gramática, uma construção do linguista, objeto teórico pertencente ao nível da língua enquanto sistema, Ducrot propõe a noção de enunciado como entidade observável, fragmento do discurso, uma realização particular ou a ocorrência *hic et nunc* de uma frase em um ato concreto de enunciação. Define a enunciação como:

> o acontecimento constituído pelo aparecimento do enunciado. A realização de um enunciado é um acontecimento histórico, é dada existência a alguma coisa que não existia antes e não existirá mais depois. É esta aparição momentânea que chamo *enunciação*. (1987: 168)

A referência a "acontecimento histórico" deve ser entendida em sentido diferente daquele "histórico" de Bakhtin. O histórico de Bakhtin é atravessado pelo social, pela entonação apreciativo-valorativa e ideológica do sujeito e, em Ducrot, o acontecimento histórico é simplesmente o acontecimento da emergência de um enunciado num aqui e agora.

O autor estabelece ainda uma diferença entre significação e sentido. A significação está na frase, é, por isso, do nível da língua enquanto sistema; e o sentido é do nível do enunciado, é "uma construção que o falante realiza levando em conta a situação de discurso, a partir das instruções especificadas na significação" (1987: 172). É pela descrição da enunciação que se chega ao sentido do enunciado, isto é, analisando o modo pelo qual o sujeito falante representa a própria enunciação que está realizando. Para o autor:

> o sentido é algo que se comunica ao interlocutor: estas descrições são pragmáticas na medida em que levam em conta o fato de que o sujeito falante realiza atos, mas realiza esses atos transmitindo ao interlocutor um saber – que é um saber sobre sua própria enunciação [...] interpretar uma produção linguística consiste, entre outras coisas, em reconhecer nela atos, e que este reconhecimento se faz atribuindo ao enunciado um sentido, que é um conjunto de indicações sobre a enunciação. (Ducrot, 1987: 173)

E de que tipo são essas indicações? Dentre as várias modalidades de indicações que descrevem a enunciação, atribuindo um sentido ao enunciado, menciona:

a) as relativas à argumentação: apresentam a enunciação como orientando para uma determinada conclusão (veja-se a diferença de orientação dada pelo emprego do operador argumentativo em "Ele ganha *quase* um salário mínimo" e em "Ele ganha *só* um salário mínimo" e que vai determinar conclusões diferentes que poderiam ser: no primeiro caso, "ele ganha muito para o que faz"; no segundo, "ele ganha pouco para o que faz");

b) as relativas ao aspecto modal como as indicações apresentadas por enunciados de caráter informativo e expressivo: o falante pode apresentar sua enunciação como resultado de uma escolha feita tendo em vista fornecer certa informação distanciadamente a propósito de um objeto ou como motivada pela representação desse objeto, deixando falar o sentimento. Pode-se usar, assim, um enunciado afirmativo assertivo ou um enunciado exclamativo, o que vai acarretar sentidos, interpretações diferentes;

c) as relativas ao sujeito ou aos autores eventuais da enunciação que, para Ducrot, constituem a indicação essencial, mais primitiva que o enunciado apresenta. De acordo com esse tipo de indicação, um enunciado apresenta no seu próprio sentido a existência de mais de uma fonte, de um sujeito na sua origem. E é nessa questão que ele vai centrar a sua atenção para esboçar sua teoria da polifonia.

Para isso, vai fazer distinções entre sujeito falante, locutor e enunciador.

- O *sujeito falante* é aquele ser empírico, ser no mundo: "eu, Helena, um sujeito empírico que fala para vocês"; o sujeito falante é um elemento da experiência que tem existência no mundo real.
- O *locutor* é o ser que é apresentado no próprio sentido do enunciado como seu responsável; é uma ficção discursiva. O locutor é a instância criada no discurso (corresponderia ao narrador no texto literário). Podemos ter polifonia no nível dos locutores, que é o caso da dupla enunciação: discurso direto, ecoimitativo, discurso imaginário, por exemplo, "se alguém me dissesse 'eu vou sair' eu lhe responderia com uma chamada de atenção...". Neste caso, em *eu vou sair*, o "eu" desse fragmento não é o mesmo do "eu" de *se alguém me dissesse.* O locutor aqui é o responsável por todo o enunciado, "se alguém me dissesse 'eu vou sair' eu lhe responderia"; o locutor é uma ficção discursiva, a quem é atribuída a responsabilidade por proferir o enunciado.
- Os *enunciadores,* distintos do locutor, são seres que se expressam "através da enunciação sem que para tanto se lhes atribuam palavras precisas. Se eles *falam* é somente no sentido em que a enunciação é vista" (Ducrot, 1987: 192), não como expressando suas palavras, mas seu ponto de vista, sua posição, sua atitude. Os enunciadores corresponderiam a pontos de vista a expressarem um posicionamento em relação ao objeto observado a partir de uma perspectiva. Eles não são como os locutores responsáveis por palavras, enunciados, mas emergem como pontos de vista indiciando retomadas de falas,

mudanças, nuances de entonação, de valoração ideológica, de posição a partir de perspectivas outras. Tomemos um exemplo dado pelo próprio Ducrot (1987: 180): num diálogo, um locutor L, censurado por ter cometido um erro, replica:

> "Ah! Eu sou um idiota; muito bem, você não perde por esperar!"

Nesse enunciado, L é o produtor das palavras e é ele que é igualmente designado por *eu*. Mas a responsabilidade do ato de afirmação realizado na primeira parte da sequência não é certamente L que assume, já que ele o contesta ameaçando o interlocutor I: temos aqui na fala de L dois enunciadores: um, E1, que fala/retoma o ponto de vista de I e outro, E2, que expressa o ponto de vista de L.

Ducrot analisa a pertinência da noção de enunciador, aplicando-a, por exemplo, à pressuposição, à negação, à ironia e mostrando como num enunciado pode emergir mais de uma voz.

> Ex. 1: Pedro parou de estudar. (posto)
> (Pedro estudava antes: pressuposto)

No enunciado posto, tem-se um L1 que fala de uma perspectiva E1, mas faz ouvir uma voz pressuposta, L2, que apresenta outra perspectiva, E2.

> Ex. 2: "Não seja mal-educado!"

Sob o enunciado negativo (que censura o interlocutor por contrariar o código social do bom comportamento), subjaz uma voz enunciativa, que fala da perspectiva desse código: seja bem-educado (porque é sinal de civilidade).

> Ex. 3: "Muito bonito! É assim que se agradece o bem recebido! Viva os bons modos!"

Nesta sequência de enunciados, L é o locutor responsável pela sua enunciação, pelo seu proferimento, mas não assume seu ponto de vista, que é atribuído a um enunciador de quem se critica a maneira de agir, considerada pelo locutor absurda. Assim, a perspectiva de onde fala e se posiciona o locutor não coincide com a do enunciador que está expressa no enunciado: L parece elogiar, mas na verdade está criticando algo que, do seu ponto de vista, é absurdo.

Em outras palavras, na fala irônica, um locutor L apresenta a enunciação como expressando não a sua posição, mas a de um enunciador cuja perspectiva o locutor L não assume (mesmo sendo dado como o responsável pela enunciação), mas critica, pois considera-a absurda. A distinção entre locutor e enunciador é essencial para explicitar o aspecto paradoxal da ironia:

> [...] de um lado, a posição absurda é diretamente expressa (e não mais relatada) na enunciação irônica, e ao mesmo tempo ela não é atribuída a L, já que este só é responsável pelas palavras, sendo os pontos de vista manifestados nas palavras atribuídos a uma outra personagem. (Ducrot, 1987: 198)

Para "fechar" o percurso teórico aqui feito e que teve como eixo a enunciação segundo a visão de alguns estudiosos, algumas considerações finais podem ser úteis. Benveniste e Bakhtin, por exemplo, são autores que se aproximam, mas também se distanciam. Se aproximam na medida em que ambos abordam o sujeito, produtor da linguagem, mas concebendo-o de forma diferente. Para Benveniste:

> A linguagem só é possível porque cada locutor se apresenta como sujeito, remetendo a ele mesmo como *eu* no seu discurso. Por isso, *eu* propõe outra pessoa, aquela que, sendo exterior a *mim* torna-se o meu eco – ao qual digo *tu* e que me diz *tu*. A polaridade das pessoas é na linguagem a condição fundamental [...]. Essa polaridade não significa igualdade nem simetria: *ego* tem sempre uma posição de transcendência quanto a *tu*; apesar disso, nenhum dos dois termos se concebe sem o outro; são complementares [...]. (1976: 286)

Fazendo uma abordagem da enunciação que se atém mais ao aspecto linguístico, em Benveniste aparece uma certa concepção "egocentrada" do sujeito; concepção reforçada por outra, a de que, embora complementares e indispensáveis, o *tu* é eco do *eu*. Essa concepção se contrasta com a de Bakhtin/Voloshinov em que *eu* e *tu* são igualmente parceiros do ato de enunciação. Aliás, como ele concebe o sujeito da linguagem no bojo de uma teoria enunciativa regida por uma interação marcadamente de orientação social, ele recusa um *eu* individualizado e propõe um *nós*, sujeito socialmente organizado.

Authier-Revuz, influenciada por Bakhtin, leva à radicalidade o princípio do dialogismo, explorando-o sob a forma da heterogeneidade, rastreando suas múltiplas formas de manifestação através das marcas linguísticas (e gráficas) impressas na enunciação; estende suas fronteiras para além das formas relatadas do discurso.

Ducrot é o mais polêmico deles para ser incluído num estudo sobre a Análise do Discurso (principalmente a denominada AD). Seus estudos fazem parte do que ele chama Pragmática Linguística, que abrange o enunciado e seu encadeamento por operadores linguísticos/argumentativos. Também inspirado por Bakhtin, traz importantes contribuições aos estudos do discurso ao abordar, no bojo de uma teoria enunciativa da polifonia, a distinção entre locutor e enunciador, suscitando a problemática do ponto de vista para refutar a vericondicionalidade do enunciado e a unicidade do sujeito. O estudo do ponto de vista articulado à teoria da argumentação pode fornecer material produtivo para os analistas do discurso.

Para a Análise do Discurso, as abordagens da enunciação de um ponto de vista mais linguístico podem sedimentar pesquisas na medida em que, tendo sempre no horizonte a perspectiva discursiva (que compreende os componentes extralinguísticos), o sentido, aquilo *que é dito* é também moldado pela forma, pela linguagem, trabalhado no *como se diz*.

Conclusão

Desejo terminar enfatizando o fato de que o falante trabalha a linguagem, buscando no processo da enunciação moldar o seu discurso visando à construção de determinados efeitos de sentido. No uso efetivo, em oposição a uma visão homogeneizadora da língua, não há um sentido literal, fixo em que as palavras significam sempre a mesma coisa indiferentemente, mas que a palavra é polissêmica, ela muda de sentido conforme o posicionamento sócio-histórico-ideológico assumido pelo sujeito em conformidade com a formação discursiva em que sua fala se insere. Sem esquecer que os modos de dizer são heterogêneos, não se fecham numa formação discursiva, mas, operados pela memória, propiciam relações intertextuais e interdiscursivas.

Como uma teoria crítica da leitura, a contribuição da Análise do Discurso é mostrar que os modos de ver a realidade pela linguagem não são processos mecânicos de decodificação do sistema linguístico, mas é um processo dialógico em que o leitor, enquanto coenunciador, assume uma atitude responsiva dialogando com o texto, respondendo ao desafio de interpretação que ele impõe.

Notas

1 O tempo fundamental da narrativa histórica é o pretérito perfeito. No francês, há um tempo específico para esse plano enunciativo: o *passé simple* ou *passé défini* (que corresponde ao grego aoristo, o tempo que capta o momento do acontecimento no passado). Os outros tempos (todos do passado) são: pretérito imperfeito,

mais-que-perfeito e, acessoriamente, de forma limitada, um prospectivo: o tempo perifrástico substituto do futuro (a forma em -ria), e o presente de definição (Benveniste, 1976: 262).

2 No plano enunciativo do discurso, todos os tempos são fundamentais: o presente, o futuro e o perfeito (com exceção, no francês, do passado que corresponde ao aoristo, forma típica da narrativa histórica escrita praticada tanto pelo historiador como pelo romancista); o imperfeito é comum aos dois planos (Benveniste, 1976: 268-9).

3 *Estructura y función de los tiempos en el lenguaje*. Trad. F. Latorre. Madrid: Gredos, 1968, p. 61-94.

4 No contexto brasileiro, I. Koch (*Argumentação e linguagem*. São Paulo: Cortez, 1984, p. 37-48) trata também desses conceitos aplicando-os em textos de língua portuguesa.

Bibliografia

AUTHIER-REVUZ, J. Heterogeneidade(s) Enunciativa(s). *Cadernos de Estudos Linguísticos,* 19. Trad. C. Cruz e J. W. Geraldi. Campinas: IEL/Unicamp, jul.-dez.1990, p. 25-42.

_______. *Palavras incertas*. Campinas: Ed. Unicamp, 1998.

_______. *Entre a transparência e a opacidade*: um estudo enunciativo do sentido. Porto Alegre: EDIPUCRS, 2004.

BAKHTIN, M. (Voloshinov) *Marxismo e filosofia da linguagem.* Trad. M. Lahud e Y. F. Vieira. São Paulo: Hucitec, 1979.

BAKHTIN, M. Os gêneros do discurso. *Estética da criação verbal.* Trad. M. E. G. Gomes Pereira. São Paulo: Martins Fontes, 1992, p. 277-326.

BENVENISTE, E. O homem na língua. *Problemas de Linguística Geral.* Trad. M. G. Novak e L. Neri. São Paulo: Nacional/Edusp, 1976, p. 245-315.

_______. O aparelho formal da enunciação. *Problemas de Linguística Geral II.* Trad. E. Guimarães et al. Campinas: Pontes, 1989.

BRANDÃO, H. H. N. *Introdução à análise do discurso*. 2. ed. revista. Campinas: Ed. Unicamp, 2009.

_______. *Subjetividade, argumentação, polifonia*: a propaganda da Petrobras. São Paulo: Ed. Unesp/Imprensa Oficial do Estado, 1998.

_______. Discurso e polêmica num debate político. *Revista do Instituto de Estudos Brasileiros*, n. 37, São Paulo: IEB/USP, 1994, p. 129-143.

DUCROT, O. Esboço de uma teoria polifônica da enunciação. *O dizer e o dito*. Trad. E. Guimarães. Campinas, São Paulo: Pontes, 1987.

FLORES, V. N.; TEIXEIRA, M. *Introdução à linguística da enunciação*. São Paulo: Contexto, 2008.

MAZIÈRE, F. *A análise do discurso*: história e práticas. Trad. M. Marcionilo. São Paulo: Parábola, 2007.

PÊCHEUX, M. *Semântica e discurso*: uma crítica à afirmação do óbvio. Trad. E. P. Orlandi e outros. Campinas: Ed. Unicamp, 1988.

_______. A análise do discurso: três épocas (1983). In: Gadet, F.; HAK, T. (orgs.) *Por uma análise automática do discurso*: uma introdução à obra de Pêcheux. Campinas: Ed. Unicamp, 1990.

TODOROV, T.; DUCROT, O. *Dicionário Enciclopédico das ciências da linguagem*. Trad. A. Kyoko Miyashiro et al. São Paulo: Perspectiva, 1977.

II – ORGANIZAÇÃO LINGUÍSTICA DO DISCURSO

Enunciação e comunicação

José Luiz Fiorin

Em primeiro lugar, gostaria de expressar um incômodo que tenho sentido na universidade, com o fato de que as pessoas consideram a teoria científica com que trabalham como a verdade. Ora, não existe isto em ciência: a verdade. A explicação da totalidade existe no discurso religioso, pois ele explana de onde viemos, para onde vamos, por que é que sofremos no mundo. Ele tem uma lógica própria e adere-se a ele pela fé. O discurso científico não é assim. Nele, cada teoria responde a determinadas questões e elabora modelos parciais do conhecimento da realidade. E, portanto, todas as teorias, mesmo aquelas com as quais jamais se pensaria em trabalhar, aportam um determinado conhecimento de um dado recorte da realidade. No domínio da linguagem, a gramática gerativa, por exemplo, pretende explicar como construímos as sentenças. Ela só quer responder isso. Por conseguinte, escolhemos uma teoria não em função de sua verdade, mas em razão do que pretendemos responder na nossa pesquisa.

O sentido do texto

Existem muitas teorias do discurso e do texto. Apesar das diferenças entre elas, pode-se dizer que elas se organizam em dois grandes grupos. Há aquelas que pretendem investigar a organização interna do discurso, sua estruturação linguística, e aquelas que têm por finalidade estudar a historicidade do texto. Paul Ricoeur (1986) diz que o sentido do texto é dado, de um lado, por relações internas ao próprio texto, pela organização linguística; de outro, por relações com outros textos. Quando se constrói uma ironia, por exemplo, ela é produzida com elementos linguísticos. Quando se cria uma metáfora, é preciso perceber os elementos linguísticos que nos dizem que aquele texto é metafórico.

Por exemplo, no dia 17 de abril de 2010, Mauro Chaves escreveu, em *O Estado de S. Paulo*, um texto sobre o fato de o PT pedir à Rede Globo para tirar do ar a sua propaganda dos 45 anos, porque subliminarmente faria uma propaganda do então candidato José Serra, já que o número do PSDB é 45. O texto era uma ironia. Dizia que havia propaganda subliminar no texto, que a Rede Globo estava fazendo propaganda para o PSDB, etc. Não é preciso saber quem é o Mauro Chaves para saber que ele não faria um texto pró-PT. Basta saber ler o texto e verificar como é que ele termina para constatar que se trata de uma ironia. No dia 26 de abril, havia três cartas de leitores protestando, porque o texto do Mauro Chaves era pró-PT. O texto era uma ironia. O uso do discurso dito petista era irônico. Os que reclamaram do texto não foram capazes de apreender as marcas linguísticas da ironia.

Mas Paul Ricoeur disse, como se expôs anteriormente, que o sentido não é dado só pelas relações linguísticas internas ao texto, ele é construído também pela relação do texto com a sua exterioridade (1986). Que exterioridade? Os outros textos, os outros discursos. É isso que nos permite ver a historicidade do sentido. Por exemplo: quando o Lula concorreu com o Collor à Presidência da República, num debate televisivo, este fez referências ao caso Lubeca, que era um episódio de corrupção que teria acontecido durante o mandato da Luiza Erundina na prefeitura de São Paulo. Ela era do PT na época e dizia-se que quem estava envolvido era Luiz Eduardo Greenhalg, que era o vice-prefeito. Diz-se que ele teria pedido propina a uma empreiteira para financiar campanhas do partido. O Collor queria insinuar que havia corrupção nos governos do PT. O que nos interessa aqui é a resposta que o Lula deu ao Collor: "Eu sabia que você era collorido por fora, mas caiado por dentro". Não se pode entender a resposta do Lula sem conhecer o discurso político da época. Não basta saber o que significa *collorido*, o que quer dizer *caiado*, que sentido tem *por dentro*, o que denota *por fora*. É óbvio que se precisa saber essas significações, mas isso não é suficiente. É preciso saber que *collorido,* com dois l, significa, no contexto, "partidário do Collor", portanto não tem nada a ver com cor ou tonalidade. Segundo, é necessário ter informação de que o discurso com o qual o Collor se apresentava era de centro-esquerda: era o que iria restabelecer a justiça no Brasil, etc. Terceiro, é imprescindível saber que Ronaldo Caiado, atual deputado por Goiás, que era o presidente da UDR, União Democrática Ruralista, era o candidato mais à direita no espectro político dessa época. Todas essas relações com o discurso político da época nos levam a compreender que o Lula estava dizendo o seguinte: "Você se apresenta como de centro-esquerda, mas no fundo você é como Caiado, um direitista empedernido".

Esses dois elementos que constroem o sentido, segundo Paul Ricoeur, são o que precisamos levar em consideração na análise de um discurso e deles vamos tratar. Todas as teorias do discurso levam em conta o fato de que o texto é constituído de linguagem – estamos pensando não apenas na linguagem verbal, mas também na visual, etc. –, que são sistemas de construção do sentido. Todas elas consideram que o texto tem uma historicidade, que é dada pela relação de um texto com outros textos, de um discurso com outros discursos. No entanto, umas põem acento mais num aspecto do que noutro.

Fundamentada em Benveniste (1974, 1976), temos uma família de teorias do discurso que põe ênfase na estrutura linguística. Baseada em Bakhtin (1987), temos outro grupo de teorias que põe em evidência a questão da historicidade. Da teoria de Benveniste, por exemplo, deriva a Semiótica francesa, que procurou responder às seguintes perguntas: que abstrações se fazem, quando se lê, e como se organizam as unidades linguísticas transfrásticas? Ao ler uma fábula como "O lobo e o cordeiro", por exemplo, tem-se a informação de que o lobo queria devorar o cordeiro e disse-lhe: "Eu vou devorá-lo, porque você está sujando a água que eu estou bebendo"; o cordeiro respondeu: "Eu não posso estar sujando a água que o senhor está bebendo se eu estou à jusante do rio e o senhor está à montante" e assim por diante. Não se entenderá esse texto, porém, se não se compreender que se trata de uma história de gente, se o leitor não for capaz de fazer essa abstração. Ou, então, quando nos perguntam do que trata o filme *Avatar* (direção de James Cameron, 2009), pode-se responder que ele versa sobre a oposição natureza e cultura ou dos embates da natureza e da cultura. Observe-se que se faz uma abstração muito grande na resposta à questão proposta.

Enunciação: instância de mediação entre a língua e a fala

Todas as teorias que enfatizam a organização linguística do discurso derivam das proposições de Benveniste sobre a enunciação.

O que Benveniste (1974, 1976) entende por enunciação? Em princípio, saber o que é enunciação é muito fácil, basta conhecer a língua portuguesa. As palavras derivadas de verbo terminadas em *-ção* indicam "ação de". Enunciação é ação de enunciar, ou em outras palavras, o ato de dizer. O enunciado é um vocábulo terminado em *-ado*, que une uma vogal temática com a desinência do particípio e, por isso, denota o "produto de uma ação". O enunciado, portanto, é aquilo que é dito, é o produto da enunciação. Temos o dizer e o dito, ou seja, a enunciação e o enunciado. O ato de dizer, a enunciação, produz um dito, que é o enunciado.

No entanto, qual era a questão de Benveniste? Ferdinand de Saussure (1969) pergunta-se se a linguagem pode ser considerada o objeto da Linguística. Ele mostra que não, porque a linguagem é um objeto muito heterogêneo, muito complexo. A linguagem é social e é individual; a linguagem é física (sons que se propagam pelo ar à razão de 340 metros por segundo); é fisiológica (quando se pensa numa coisa, tem-se a transmissão de um estímulo nervoso para os órgãos do aparelho fonador para produzir a fala; quando se recebe a fala, a impressão auditiva é transmitida para o cérebro para entendermos o que se disse); é psíquica (operações cognitivas se realizam para produzir e entender as mensagens). Saussure diz que, se a linguagem é tudo isso, ela não pode ser objeto da ciência linguística. É preciso construir um objeto homogêneo, para edificar uma ciência. Distingue, então, a língua e a fala. A língua para ele era o objeto da Linguística. Mas que é a língua? É a parte social da linguagem, é aquele conhecimento internalizado que nos permite produzir atos de fala.

Não vamos discutir longamente o problema da dicotomia saussuriana língua/fala, mas poderíamos dizer que a língua são duas coisas. A primeira são as diferenças que nos permitem formar sons e sentidos. Por exemplo: há uma diferença entre sons surdos e sons sonoros em português: /p/ *vs.* /b/, /t/ *vs.* /d/, /k/ *vs.* /g/, /f/ *vs.* /v/, etc. Isso permite produzir *pata*, *bata*, *gata*, *cata* e assim por diante. Temos um conhecimento das diferenças fônicas de nossa língua. Elas variam de uma língua para outra. Na língua, há também diferenças de sentidos: por exemplo, em português, nos mamíferos utilizados para serviço, distingue-se o reprodutor do não reprodutor. Temos, então, *touro* e *boi*, *garanhão* e *cavalo*, *cachaço* e *porco* e assim por diante. Conhecemos essas diferenças intuitivamente.

A língua contém também regras de combinação em todos os níveis. No nível das palavras, por exemplo, não podemos construir um sintagma com o substantivo seguido pelo artigo; não se diz "menina *a*", diz-se "a menina".

Isso é uma regra coercitiva da formação da frase em português. No nível dos sons, o /nh/ não pode começar palavra, só pode estar no meio de duas vogais. A prova é que quando fazemos um empréstimo de uma palavra que começa por /nh/, ocorre o acréscimo de um /i/ inicial, para que o /nh/ se transforme em som intervocálico: por exemplo, a palavra *nhoque* aparece em cartazes grafada *inhoque*.

A fala é a realização individual daquilo que a língua permite produzir.

A questão que Benveniste formula é a seguinte: o que possibilita passar da língua para a fala? Como é que se passa de uma instância para a outra? Como é que esse conhecimento intuitivo na minha mente se transforma em ato de fala? Como se transita da virtualidade da língua para a realização da fala?

Benveniste afirma que a enunciação é a instância que permite a passagem da língua para fala, é uma instância de mediação entre a língua e a fala. Mas o que é uma instância? É um conjunto de categorias que cria um dado domínio. Assim, essa instância de mediação é o conjunto de categorias que permite a passagem da língua para fala. Quais são essas categorias?

Quando se produz um ato de fala, o enunciador se apropria do conhecimento linguístico e, ao fazê-lo, se institui como "eu". "Eu" é quem diz "eu", quem toma a palavra. Então, o ato de tomar a palavra estabelece um "eu" e, ao mesmo tempo, como esse "eu" fala para alguém, ele constitui simultaneamente um "tu". Esse "eu" fala num determinado espaço, que é o "aqui", o lugar onde está o "eu". Podemos dizer, por exemplo: "Aqui está fazendo um calor muito grande", e alguém que esteja do lado do ar condicionado diz: "Aqui não". O primeiro falante disse "aqui", quando tomou a palavra; quando o segundo passou a falar, o "aqui" mudou de lugar, passou a ser o lugar de onde ele fala. A partir desse marco espacial, estabelecem-se todas as diferenças de espaço: por exemplo, em português, *aqui*, *ali*, *lá*, *acolá*, etc. Além de falar num dado espaço, o "eu" fala num determinado tempo, o "agora". O "agora" é o momento da fala. "Agora" é o momento em que o "eu" toma a palavra. Benveniste vai dizer que o tempo linguístico é radicalmente diferente do tempo físico e do tempo cronológico, porque o tempo linguístico se constitui na e pela linguagem, ou seja, o "agora" é o momento em que se toma a palavra, não importando em qual lugar do tempo físico esteja colocado.

O tempo físico é o intervalo entre o início e o fim de um movimento. Independentemente das descobertas de Einstein, é com esse conceito de tempo físico que operamos até hoje, marcamos o tempo pelo intervalo entre o princípio e o fim de certos movimentos dos astros. O ano é o intervalo entre o começo e o término do movimento de translação da terra; o dia é o intervalo entre o início e a conclusão do movimento de rotação da Terra e assim sucessivamente. Tempo cronológico é o estabelecimento de um ponto convencional no tempo físico, a partir do qual se instaura uma ordem de ocorrência dos fatos. Pode-se colocar o tempo linguístico em qualquer momento do tempo físico e do tempo cronológico, porque ele é uma criação da linguagem. Ao dizer "No dia 7 de setembro de 1822, D. Pedro I proclamou a Independência", temos um passado, mas é passado não porque está no tempo cronológico passado, mas é um passado porque o enunciador quer que seja, pois ele pode transformá-lo em presente, pode dizer "No dia 7 de setembro de 1822, D. Pedro I proclama a Independência". Um documentário televisivo sobre os dinossauros começa assim: "Estamos há 160 milhões de anos. Os dinossauros dominam a Terra". O presente, o "agora" da enunciação, foi posto há 160 milhões de anos e, a partir daí, a história dos dinossauros é narrada no presente.

As categorias que compõem a instância da enunciação são a pessoa, o espaço e o tempo. Benveniste diz que a enunciação é a instância do *ego*, *hic et nunc*, ou seja, do *eu*, *aqui* e *agora*, porque, nela, alguém, num espaço e num tempo criados pela linguagem, toma a palavra e, ao fazê-lo, institui-se como "eu", e dirige-se a outrem, que é instaurado como um "tu". Isso é o conteúdo da enunciação. As categorias de pessoa, de espaço e de tempo vão constituir aquilo que Benveniste (1974: 79-88) vai chamar "o aparelho formal da enunciação". Ele vai dizer que, na verdade, são essas três categorias linguísticas as responsáveis pela transformação da língua em fala. Façamos duas digressões.

Benveniste foi um gigante da Linguística. Hoje são feitas a ele certas críticas, que revelam uma compreensão um pouco distorcida do que ele propôs. Ele mostrou que a enunciação é o ato de apropriação individual da linguagem (1976: 284-293). Por causa dessa afirmação, critica-se o linguista francês por ser psicologizante. No entanto, Benveniste diz que cada um de nós só tem consciência do seu "eu", só tem subjetividade, porque fala sozinho. Isso quer dizer que Benveniste radica a subjetividade na linguagem. Pode-se falar ao mesmo tempo, mas não se pode falar junto. O fato de cada um falar sozinho é que dá, segundo Benveniste, a consciência da subjetividade. Não há nenhum psicologismo nessa afirmação.

Para o linguista francês, essa instância da pessoa, do espaço e do tempo, esse aparelho formal da enunciação é universal, existe em todas as línguas. Mais do que isso, em todas as linguagens (por exemplo, a visual) (1974: 79-88). É por isso que se usam termos em latim (*ego*, *hic*, *nunc*) para se referir às categorias enunciativas. Utiliza-se o latim, língua não mais falada, para indicar que o aparelho formal da enunciação existe em todas as línguas e em todas as linguagens.

Vamos exemplificar com um texto sincrético (aquele que manifesta o sentido por meio de várias linguagens), um filme. Parece que o cinema narra sempre em terceira pessoa, parece que o "eu" nunca se instala na linguagem visual cinematográfica. Em *E La Nave Vá*, de Federico Fellini, 1983, apresenta-se um navio singrando o mar. O espectador vê o transatlântico no mar, as ondas, etc. De repente aparece uma personagem perto de um navio pequenininho sobre papel celofane azul, movido como ondas por ventiladores. Essa personagem dá uma piscada para a câmera, para os espectadores. É uma intervenção de um "eu", que se dirige a um "tu". É como se esse "eu" dissesse aos espectadores: "Tudo isso é ficção".

A enunciação é uma instância linguística logicamente pressuposta pelo enunciado. Significa dizer que, se há um dito qualquer, como "A Terra é redonda", é porque alguém disse "A Terra é redonda", ou seja, logicamente pressuposto pela existência de um dito existe um dizer. Antes de, apressadamente, afirmar que isso é óbvio, é preciso verificar que consequências o linguista francês tira dessa afirmação.

Podem ser produzidos enunciados de dois tipos diferentes. Pode-se dizer, por exemplo, "A Terra é redonda" ou "Eu digo que a Terra é redonda". Isso significa que se pode afastar o "eu" do enunciado e ter-se-ia, então, aquilo que na Teoria Literária se chama uma narrativa em terceira pessoa, ou pode-se instalar o "eu" no interior do enunciado, pode-se projetar a própria enunciação no interior do enunciado e aí se tem uma enunciação enunciada, uma narrativa em primeira pessoa. Quando se diz: "Eu digo que a Terra é redonda", projeta-se o ato de dizer no dito, diz-se o ato de dizer, enuncia-se o ato de dizer. Quando se diz que a enunciação é uma instância logicamente pressuposta pelo enunciado, o que se pretende indicar é que "A Terra é redonda" pressupõe "(Eu digo que) a Terra é redonda", só que esse "eu" não foi projetado no enunciado; que a afirmação "Eu digo que a Terra é redonda" implica "(Eu digo que) Eu digo que a Terra é redonda", o que mostra que o "eu" foi instalado no enunciado. Há dois níveis diferentes do "eu": o "eu" pressuposto e o "eu" instaurado no enunciado. O "eu" pressuposto é chamado *enunciador*. O enunciador é sempre o "eu" pressuposto, é o autor. Além disso, há um "eu" que conta a história, é um "eu" que, explícita ou implicitamente, está no interior do texto. Esse "eu" não é o enunciador, é um "eu" diferente, é o *narrador*. Não se pode misturar o narrador com o enunciador, porque isso leva a certas análises psicológicas infundadas do autor, como acusá-lo de expressar seu homossexualismo reprimido ou um complexo de Édipo mal resolvido. Isso é similar à confusão entre ator e personagem de novelas de televisão. Há ainda um terceiro nível do "eu". O narrador dá a palavra a personagens, que falam em discurso direto e, portanto, constituem-se como "eu". Esse "eu" não é o narrador, esse "eu" é a personagem que fala; recebe o nome de *interlocutor* (Cf. Greimas e Courtés, 1979: 79-82).

Cada um desses níveis pode desdobrar-se, porque existem vários níveis narrativos, histórias dentro de histórias, cada um com seu próprio narrador. Podem-se confundir os níveis: por exemplo, o narrador de *Grande sertão: veredas* é aquele que dá a palavra Riobaldo, pois o romance começa com um travessão ("– Nonada. Tiros que o senhor ouviu foram de briga de homem não, Deus esteja." (1980: 9)). Riobaldo seria o interlocutor, o que se dirige a alguém, cujas réplicas a sua fala estão implícitas. No entanto, como esse narrador não tem outra marca linguística no texto, pode-se dizer que o interlocutor toma o lugar do narrador.

Há, pois, três níveis de sujeito: o autor, o narrador, o interlocutor. Para cada "eu" existe um "tu". O "tu" do enunciador é o "tu" pressuposto, é o enunciatário, é o leitor. O "tu" do narrador é o narratário; o "tu" do interlocutor é o interlocutário. O interlocutário é o mais simples de se perceber. Quando se lê, no capítulo XLVII de *Esaú e Jacó*, de Machado de Assis (1997: 1003) "– Justamente agora que eu tinha esperanças, disse ele à mulher", o interlocutor é Batista e o seu "tu", o interlocutário, é sua mulher, a pessoa com quem ele fala.

O narratário é de apreensão um pouco mais complicada, porque é um "tu" inscrito, explícita ou implicitamente, no texto. Autores como Machado de Assis, por exemplo, operam muito com um narratário explícito no texto. O capítulo CVI de *Quincas Borba* é um exemplo:

> [...] ou mais propriamente, capítulo em que o leitor, desorientado, não pode combinar as tristezas de Sofia com a anedota do cocheiro. E pergunta confuso: – Então a entrevista da Rua da Harmonia, Sofia, Carlos Maria, esse chocalho de rimas sonoras e delinquentes é tudo calúnia? Calúnia do leitor e do Rubião, não do pobre cocheiro, que não proferiu nomes, não chegou sequer a contar uma anedota verdadeira. É o que terias visto, se lesses com pausa. Sim, desgraçado, adverte bem que era inverossímil que um homem, indo a uma aventura daquelas, fizesse parar o tílburi diante da casa pactuada. Seria pôr uma testemunha ao crime. Há entre o céu e a terra muitas mais ruas do que sonha a tua filosofia, – ruas transversais, onde o tílburi podia ficar esperando. [...]

> Resta só a coincidência de morar na Rua da Harmonia uma das costureiras do luto. Aqui, sim, parece um propósito do acaso. Mas a culpa é da costureira; não lhe faltaria casa mais para o centro da cidade, se quisesse deixar a agulha e o marido. Ao contrário disso, ama-os sobre todas as cousas deste mundo [...]. (Machado de Assis, 1997: 732-733)

Nesse capítulo, o narrador dá a palavra a seu leitor, quando diz "E pergunta confuso". O narratário formula sua questão: "Então a entrevista da Rua da Harmonia, Sofia, Carlos Maria, esse chocalho de rimas sonoras e delinquentes é tudo calúnia?" O narrador responde: "Calúnia do leitor e do Rubião, não do pobre cocheiro, que não proferiu nomes, não chegou sequer a contar uma anedota verdadeira". Em seguida, ele chama a atenção do leitor:

> É o que terias visto, se lesses com pausa. Sim, desgraçado, adverte bem que era inverossímil que um homem, indo a uma aventura daquelas, fizesse parar o tílburi diante da casa pactuada. Seria pôr uma testemunha ao crime. Há entre o céu e a terra muitas mais ruas do que sonha a tua filosofia, – ruas transversais, onde o tílburi podia ficar esperando. (p. 732)

O enunciatário é o leitor para quem o autor se dirige. Voltaremos a essa questão do autor e do leitor.

Benveniste vai dizer que não se passa da língua para a fala a não ser que se tenha uma instância que permita isso. Essa instância é a enunciação, que é, então, o ato de pôr em funcionamento a língua. Como se põe a língua em atividade? Por uma instância de mediação entre a língua e a fala. O que contém essa instância de mediação? As categorias de pessoa, de espaço e de tempo. Retomando, a língua é assumida por um "eu", que cria "tu", num espaço e num tempo, nessa relação que é a de comunicação. Por ser essa instância de mediação, a enunciação é pressuposta pela própria existência do enunciado.

Como se vê, Benveniste, com sua teoria da enunciação, respondeu, com propriedade, a questão que ele tinha formulado de como se passa da língua à fala. Quando Benveniste elabora sua resposta, ele deixa de considerar a fala, no sentido saussuriano, como o reino individual da liberdade e da criação. Na verdade, Benveniste começa a mostrar-nos que o produto da linguagem é regrado, é social. Saussure se pergunta num ponto do *Curso de linguística geral* (1969: 26-28) se a fala tem alguma coisa de regular. Benveniste vai mostrar que tem. Assim, ele cria um novo objeto para a Linguística: o discurso. Até então, a maior unidade de que se ocupava a Linguística era o período. O discurso é a produção social da linguagem.

Enunciado: para além do período e da linguagem verbal

A Semiótica Francesa tinha que responder a uma questão, a das abstrações que se fazem, quando se compreende um texto. Por isso, ela modificou um pouco o conceito de enunciação de Benveniste, para aplicá-lo a unidades maiores do que o período (Greimas e Courtés, 1979: 126-127).

Para entender isso, comecemos com um exemplo: o filme *O segredo de Brokeback Mountain*, de Ang Lee, 2005. Em um nível de abstração muito grande, esse texto trata de um embate entre a natureza e a cultura. A natureza é o domínio da sexualidade, é o domínio do que é instintivo. E a cultura é o domínio das convenções sociais. No filme, e isso o torna interessante, há uma ambiguidade sobre o valor desses termos. Quando temos um texto muito moralizante, um dos termos é claramente positivo e o outro, declaradamente negativo. O discurso dos ecologistas, por exemplo, que é, sem dúvida nenhuma, um discurso nitidamente moralizante, apresenta a cultura como o vício, o pecado, o mal e a natureza como o bem. Nesse texto, de Ang Lee, há uma ambiguidade. Temos primeiro uma afirmação da cultura, depois uma negação da cultura, quando os corpos começam a se tocar na montanha, e depois uma afirmação da natureza, a relação entre as personagens. Mas essa natureza nunca é vista como alguma coisa boa. Sempre há uma submissão à ordem da cultura, tanto que os dois cowboys se casam, conforme prescrevem as normas sociais.

O que é da ordem da natureza vai manifestar-se mais na superfície do texto como singularidade e a cultura, como coletividade. Na história de Jack Twist e Ennis del Mar, os dois cowboys, que vivem por mais de vinte anos uma história de amor clandestino, esses dois valores abstratos vão adquirir uma dimensão existencial. O que o filme procura mostrar-nos é que a sociedade é incapaz de aceitar aqueles que fogem à norma, ou seja, não é capaz de acolher a singularidade. E aí aparece uma questão, que é importante no filme, a do segredo e da mentira. Eles têm que manter a relação deles em segredo por causa das normas sociais e, portanto, têm que mentir. Eles se casam, constituem uma família. Aceitam as normas sociais, fazem aquilo que um homem nesse grupo social devia fazer. No entanto, isso é um parecer; no nível do ser, não é exatamente isso que ocorre. E aí se coloca o problema da sanção social, do castigo aos que se recusam a adaptar-se ao que é prescrito:

a morte. Essa sanção é recorrente no filme. Ennis del Mar, obrigado pelo pai, viu os corpos mutilados de dois cowboys que se supunha serem homossexuais e imagina que eles foram mortos por seu pai. Mais tarde, Jack Twist tem o mesmo destino. Na hora em que Ennis toma conhecimento da morte dele, a primeira imagem que vem a sua cabeça é a chave de roda, com que foi morto. A mulher de Twist nega que ele tenha sido assassinado, diz que ele morrera num acidente provocado por uma explosão do pneu. Ennis não acredita nessa história. Aqui temos um problema interessante, que foi estudado por Foucault na *História da sexualidade* (1993): a sexualidade que não tem voz, não tem palavra, não deve ser sequer discursivizada. Então se discursiviza a impotência do indivíduo diante das convenções sociais e se estabelece uma tipologia dos sujeitos. Jack Twist é o inconformado, que resiste ativamente a essas obrigações sociais. Ele deve fazer uma determinada coisa, mas ele não quer fazer isso e, por isso, não se satisfaz – e ele diz isso para o companheiro – com os encontros clandestinos esporádicos e com as esparsas relações sexuais. O filme mostra-o a procurar prostitutos na fronteira com o México. Ennis del Mar é o sujeito conformado, que aceita passivamente os ditames da sociedade. No conto que deu origem a esse filme, a última fala é dele: "Se não dá para consertar, a gente tem que aguentar".

Observa-se que, nas narrativas, há certos "universais culturais", ou seja, universais em sentido fraco, como a da impotência do indivíduo diante das normas sociais. Esse universal poderia manifestar-se por meio de outra história, não precisaria ser essa, que foi chamada a história dos cowboys gays. Os mesmos universais culturais podem ser manifestados de diferentes maneiras. No filme que estamos analisando, o que é variável são as personagens (dois cowboys), a norma que se transgride (a interdição de relações sexuais entre pessoas do mesmo sexo), o espaço (a montanha, onde eles vão cuidar das ovelhas, fica sendo o espaço da liberdade). Variam também as identidades das personagens: Ennis del Mar é calado, tímido e realista; o outro, falante, sonhador. Figurativizam-se diversamente espaços, personagens, tempos, etc.

Se considerarmos que o discurso é o lugar da singularização de universais culturais, devemos entender a enunciação como a instância de mediação entre os elementos mais abstratos e universais e aqueles mais concretos e singulares, que são próprios de cada um dos discursos (Greimas e Courtés, 1979: 126-127).

Há ainda uma questão geral sobre a enunciação, que não está clara em Benveniste. Depois de Bakhtin, sabemos que a enunciação é histórica.

Categoria de pessoa na enunciação

Antes de discutir o problema da historicidade da enunciação, vamos dissecar a categoria de pessoa. Todos aprendemos na escola que a língua tem três pessoas, a primeira, a segunda e a terceira: "eu", a pessoa que fala; "tu", a pessoa com quem se fala; "ele", a pessoa de quem se fala. Cada uma delas tem um plural: "nós", "vós", "eles".

Benveniste (1976: 247-259) vai analisar de maneira aprofundada a categoria de pessoa e vai mostrar que diversas ideias recebidas pela tradição sobre ela são errôneas. Diz que as pessoas se separam em dois grupos: de um lado, o "eu" e o "tu" e, de outro, o "ele", porque esses dois conjuntos são muito diferentes entre si. Primeiro, são diversos morfologicamente: "ele" tem feminino, enquanto "eu" e "tu" não têm feminino; o feminino de "ele" faz-se como as demais palavras terminadas em *–e*, que não são comuns de dois gêneros (mestre/mestra; ele/ ela); o "ele" faz o plural, como qualquer vocábulo terminado em vogal, com o acréscimo de um *s*, enquanto o chamado plural da primeira e da segunda pessoas é expresso por outra palavra. Depois, há uma distinção semântica entre esses dois conjuntos. A terceira pessoa refere-se a tudo o que não sejam os dois parceiros da enunciação. Mesmo quando não se predica a respeito de nada, como no caso das orações sem sujeito, usa-se a terceira pessoa: *chove*, *neva*. Nas línguas em que não se pode não ter um sujeito aparente, como no inglês e no francês, ele é expresso por um pronome de terceira pessoa: *it rains*, *il pleut*.

A partir dessas considerações, Benveniste diz que há, de um lado, as pessoas, que indicam os dois parceiros da comunicação, o "eu" e o "tu"; de outro, a não pessoa, o "ele". O "eu" é a pessoa subjetiva, porque a subjetividade, para Benveniste, como se mostrou mais acima, ancora-se no fato de o sujeito poder dizer "eu"; o "tu" é a pessoa objetiva, porque instaurada pela fala do "eu". Então, temos duas pessoas e uma não pessoa.

Ao analisar o plural das pessoas, Benveniste mostra que "nós" não é o plural de "eu"; "nós" é "eu" e mais alguém: "eu" e "tu"; "eu" e "ele"; "eu", "tu" e "ele"; "eu", "tu" e "eles" e assim sucessivamente. "Eu" é quem toma a palavra e toma-se a palavra sozinho. "Nós" é, pois, uma pessoa ampliada: "eu" + alguém. "Vós" pode ser o plural de "tu", porque, embora fale sozinho, o enunciador pode dirigir-se a muitas pessoas, mas "vós" pode ser também uma pessoa ampliada, isto é, "tu" + "ele"; "tu" + "eles" e assim por diante. A única forma que é apenas plural é o "eles". É só a terceira pessoa do plural que é somente plural.

Como dissemos anteriormente, pode-se narrar em terceira pessoa. Esse modo narrativo ocorre, quando "eu" e o "tu" se afastam do enunciado e tem-se apenas a terceira pessoa. Vamos analisar um texto de *O guarani*, de José de Alencar, retirado do capítulo IX da primeira parte, em que se narra que Cecília fora dormir e os três homens que dela estavam enamorados (Loredano, Álvaro e Peri) olhavam para a janela de seu quarto. No trecho que segue, o narrador vai analisar o sentimento dos três:

> As cortinas da janela cerraram-se; Cecília tinha-se deitado.
>
> Junto da inocente menina, adormecida na isenção de sua alma pura e virgem, velavam três sentimentos profundos, palpitavam três corações bem diferentes. [...]
>
> Em Peri, o sentimento era um culto, espécie de idolatria fanática, na qual não entrava um só pensamento de egoísmo; amava Cecília não para sentir um prazer ou ter uma satisfação, mas para dedicar-se inteiramente a ela, para cumprir o menor de seus desejos, para evitar que a moça tivesse um pensamento que não fosse imediatamente uma realidade.
>
> Ao contrário dos outros ele não estava ali, nem por um ciúme inquieto, nem por uma esperança risonha; arrostava a morte unicamente para ver se Cecília estava contente, feliz e alegre; se não desejava alguma coisa que ele adivinharia no seu rosto, e iria buscar nessa mesma noite, nesse mesmo instante.
>
> Assim o amor se transformava tão completamente nessas organizações, que apresentava três sentimentos bem distintos: um era uma loucura, o outro uma paixão, o último uma religião.
>
> Loredano desejava; Álvaro amava; Peri adorava. O aventureiro daria a vida para gozar; o cavalheiro arrostaria a morte para merecer um olhar; o selvagem se mataria, se preciso fosse, só para fazer Cecília sorrir. (Alencar, 1964: 59-60)

Observe-se que não temos nenhum "eu" e nenhum "tu" instalado no texto. É como se os fatos se narrassem a si mesmos. Isso é feito para criar um efeito de sentido de objetividade.

Que é um efeito de sentido? Quando se diz que um texto é objetivo, não se quer dizer que a objetividade faz parte da linguagem. Depois de Benveniste, sabemos que o discurso é sempre o ponto de vista de um sujeito, seja ele individual ou social. Por conseguinte, não há objetividade na linguagem. O que podemos fazer é criar efeitos de objetividade, por isso é que se diz efeito de sentido de objetividade e não, sentido de objetividade. Ao dizer "sentido de objetividade", subentende-se que há objetividade discursiva. Ao afirmar "efeito de sentido de objetividade", o que se pretende é desvelar que essa objetividade é uma criação da linguagem. Os jornalistas apregoam que seu discurso é objetivo e neutro. Não há objetividade e neutralidade no discurso, porque, mesmo quando se cria um efeito de objetividade, o ponto de vista do sujeito vai estar marcado por substantivos, adjetivos, etc. O lugar enunciativo vai estar sempre assinalado. Ao dizer que Israel *invadiu* ou que *ocupou* a Faixa de Gaza, que os militantes do Hamas são *terroristas* ou *soldados* que lutam contra a invasão israelense, estamos em lugares enunciativos completamente diferentes. Asseverar que alguém invadiu um prédio desocupado é diferente de afirmar que alguém ocupou um prédio vazio.

Vamos exemplificar com um texto da revista *Veja*. Para os jornalistas, existem dois textos diferentes, a notícia e a opinião, e eles não podem confundir-se. Não se nega que os jornais façam um esforço para distingui-los, embora, dado que o discurso é sempre o ponto de vista de um sujeito, não se possa diferençá-los, com a nitidez que se pretende que exista.

> Entre as qualidades do ex-governador Leonel Brizola, uma chama a atenção: a capacidade de não se descuidar das finanças pessoais mesmo quando mantém dedicação integral à política. Nos últimos vinte anos, ele esteve envolvido em nada menos que onze eleições, sendo que em seis delas diretamente como candidato. Nas outras cinco trabalhou na costura de apoios e alianças capazes de levar adiante seu projeto de criar um partido político forte e chegar à Presidência da República. Registre-se que nesse intervalo ocupou por duas vezes a cadeira de governador do Rio de Janeiro. Apesar de tanta labuta, nos últimos tempos vem colhendo mais insucessos do que êxitos. Para sua sorte, as dificuldades se dão apenas na política. No plano pessoal, vive uma surpreendente prosperidade. Foi justamente nesses anos atribulados que Brizola realizou uma façanha inatingível para a maioria dos brasileiros: a de erigir um magnífico patrimônio. Mesmo sem despender a mesma energia que dedicou aos palanques – e sem chamar a atenção –, ele costurou um pé-de-meia de pelo menos 15 milhões de reais em terras e imóveis. Em outras palavras, Brizola tornou-se um abastado senhor de terras. (7/11/2001, p. 43)

Esse texto tem um efeito da objetividade, mas é profundamente opinativo. Se você perguntar a um jornalista da revista a respeito de cada um dos pontos do artigo, ele lhe dirá que ele é verdadeiro e, portanto, não pode entender qualquer reserva em relação ao texto: Brizola foi duas vezes governador do Rio de Janeiro, ele participou de onze eleições sendo que em seis delas diretamente e assim por diante. No texto, os fatos estão contando-se a si mesmos. No entanto, quando se fazem certas construções, como "Foi justamente nesses anos atribulados que Brizola realizou uma façanha inatingível para a maioria dos brasileiros", começa-se a verificar o posicionamento do enunciador. Se o que Brizola fez é algo inatingível à maioria dos brasileiros, como é que Brizola o fez? E por que exatamente nesses anos atribulados, se é preciso sempre tomar conta do patrimônio? Ele erigiu um magnífico patrimônio mesmo sem despender a mesma energia que dedica à política. Onde o Brizola arrumou esse patrimônio? "Roubando dinheiro público, ele é corrupto", é isso que a *Veja* está insinuando. Tem-se um efeito de objetividade, mas, quando se começa a verificar a forma de construção, percebem-se as posições do enunciador. Se alguém disser para um jornalista da *Veja* que a revista acusou Brizola de corrupto, ele vai dizer que isso não está dito em nenhum lugar. Explicitamente, não está mesmo. Está implícito, está insinuado, está subentendido. A revista não diz, mas dá a entender. Além disso, é preciso levar em conta o que se omite. No caso de Brizola, deixou-se de lado o fato de que ele se casou com uma mulher rica e, portanto, adquiriu um patrimônio por meio de uma ação que o Código Civil francês considera a primeira maneira de se tornar proprietário, o casamento.

No texto jornalístico, o que importa é o efeito de sentido de objetividade. Por isso, essa esfera de circulação discursiva é tão ciosa da narrativa em terceira pessoa. Não se pode narrar uma notícia em primeira pessoa, porque isso destrói um elemento que é a base da verdade jornalística, a ideia de objetividade. É por isso também que um romancista naturalista não narra em primeira pessoa, sempre relata em terceira pessoa. Émile Zola dizia, no prefácio à 2ª edição de *Thérèse Raquin*: "Começa-se, espero, a compreender que minha finalidade foi antes de tudo uma finalidade científica. [...] Apenas fiz sobre dois corpos vivos [Thérèse e Laurent] o trabalho analítico que os cirurgiões fazem sobre os cadáveres" (1953: III). Ele queria que o discurso romanesco apresentasse a objetividade do discurso científico.

Só muito recentemente, tornou-se possível escrever uma tese em primeira pessoa do singular. Há alguns anos isso era impensável. Quando muito se podia usar a primeira pessoa do plural, mas o melhor era a forma impessoal: "diz-se que", "afirma-se que". A impessoalidade era a forma mais adequada de exposição, porque o discurso científico se pretende o discurso da verdade, e, portanto, repudia a primeira pessoa com sua carga de subjetividade. O que um escritor naturalista, como Zola, tinha em mente era mostrar a influência do meio, da hereditariedade, do momento sobre as pessoas e que, portanto, elas não eram livres para agir. Eram determinadas pelo meio, pela hereditariedade, pelo momento, ou, em outras palavras, por coerções históricas, por coerções geográficas e por coerções biológicas. Ele estava como que construindo um discurso científico, pois tinha por objetivo provar essa tese. Daí valer-se das formas consagradas de construção do discurso da ciência.

Tomemos agora um texto com efeito de subjetividade:

> Quando, Lídia, vier o nosso Outono
> Com o Inverno que há nele, reservemos
> Um pensamento, não para a futura
>   Primavera, que é de outrem,
> Nem para o Estio, de quem somos mortos,
> Senão para o que fica do que passa,
> O amarelo atual que as folhas vivem
>   E as torna diferentes
> (Pessoa, 1959: 108)

É impensável que, numa poesia lírica, numa ode, como essa de Ricardo Reis, heterônimo de Fernando Pessoa, não se use a primeira pessoa. A primeira pessoa está marcada pelo vocativo "Lídia": só há segunda pessoa, se uma primeira pessoa dirigir-se a ela. Esse é um belíssimo exemplo do tema do *carpe diem*, do aproveitar o momento. As estações do ano são metáforas das etapas da vida. O velho, no outono da vida, com o inverno que virá em seguida, não deve ficar saudoso da primavera, que é de outrem, já que as estações da vida não são cíclicas para cada pessoa, nem deve ficar com saudade do estio, que já morreu para ele, mas deve olhar a beleza que cada estação da vida lhe traz: no caso do outono, o amarelo que as folhas vivem e as torna diferentes.

Historicidade do discurso

Voltemos à questão da historicidade da enunciação. Que significa postular que a enunciação é histórica? Vamos começar a explicar o que não quer dizer. Às vezes, pensa-se que estudar historicidade de um discurso é apresentar a época em que o texto foi produzido, o autor que o enunciou, o lugar em que ele foi criado, a formação social que deu origem a ele, etc. Ora, isso é um equívoco, porque, se isso fosse absolutamente necessário para compreender o sentido e sua historicidade, não se compreenderiam os textos antigos, por exemplo, a *Ilíada* e *Odisseia*. A epopeia homérica faz sentido até hoje. No entanto, desconhecemos quem a escreveu, pois ignoramos, de fato, quem era Homero, não sabemos se ela era uma criação coletiva, que foi, depois, compilada; desconhecemos, com precisão, a formação social em que ela teve origem, ignoramos a época exata de seu aparecimento. No entanto, ela significa. Isso denota que a história não é externa ao sentido; o sentido em si mesmo é histórico.

Sirio Possenti costuma dizer que o analista do discurso deve fazer Linguística de primeira e não Sociologia, Antropologia ou História de segunda. Não se faz propriamente Linguística quando se elabora uma análise linguística, faz-se um estudo histórico, sociológico ou antropológico da época ou da formação social em que o texto foi produzido e acoplam-se as duas coisas. Ocorre que são estudos que não se podem juntar, porque são elaborados com metodologias completamente diferentes.

O segundo equívoco na análise da historicidade do texto é pensar que se faz isso com o estudo das referências que o texto faz a fatos históricos da época em que foi produzido. Isso é confundir textos de natureza diferente. O texto literário é diferente, por exemplo, do texto jornalístico. Este tem obrigação de reportar os acontecimentos, o texto literário, não. Certa crítica recriminou o fato dc Machado de Assis nunca ter tratado da abolição da escravatura. Houve crítico que disse que Machado era o menos brasileiro dos escritores brasileiros (cf. Picchio, 1997: 275). No entanto, como mostra Roberto Schwarz, Machado fez, como ninguém, uma análise percuciente das classes dominantes no período do capitalismo nascente no Brasil (1977, 1990). O texto artístico tem que estudar os mecanismos de poder na sociedade humana, tem que analisar as paixões humanas. Daí se pode ter um texto, como "Anedota Pecuniária", de Machado de Assis, que trata do avarento, que tem diferenças em relação ao avarento de *Gobseck*, de Balzac, porque pertencentes a formações sociais diversas. Este, por sua vez, é um avarento diferente do de Molière, que não é um avarento sob o capitalismo. As paixões humanas nas formações sociais, os mecanismos de poder, isso é matéria do texto literário. Não o acontecimento do dia a dia. Por isso, é irrelevante se Machado tratou ou não da Proclamação da República ou fazer um levantamento de quantas vezes ele mencionou o imperador. Não precisaria ter citado a Proclamação da República nunca para situar, historicamente, seus textos.

Vejamos o início do *Quincas Borba*, os dois primeiros pequenos capítulos, para demonstrar a dimensão histórica e política do texto machadiano:

> Rubião fitava a enseada – eram oito horas da manhã. Quem o visse, com os polegares metidos no cordão do chambre, à janela de uma grande casa

> de Botafogo, cuidaria que ele admirava aquele pedaço de água quieta; mas, em verdade, vos digo que pensava em outra cousa. Cotejava o passado com o presente. Que era há um ano? Professor. Que é agora? Capitalista. Olha para si, para as chinelas (umas chinelas de Túnis, que lhe deu recente amigo, Cristiano Palha), para a casa, para o jardim, para a enseada, para os morros e para o céu; e tudo, desde as chinelas até o céu, tudo entra na mesma sensação de propriedade.
>
> "Vejam como Deus escreve direito por linhas tortas", pensa ele. Se mana Piedade tem casado com Quincas Borba, apenas me daria uma esperança colateral. Não casou; ambos morreram, e aqui está tudo comigo; de modo que o que parecia uma desgraça...
>
> Que abismo há entre o espírito e o coração! O espírito do ex-professor, vexado daquele pensamento, arrepiou caminho, buscou outro assunto, uma canoa que ia passando; o coração, porém, deixou-se estar a bater de alegria. Que lhe importa a canoa nem o canoeiro, que os olhos de Rubião acompanham arregalados? Ele, coração, vai dizendo que, uma vez que mana Piedade tinha de morrer, foi bom que não casasse; podia vir um filho ou uma filha... – Bonita canoa! – Antes assim! – Como obedece bem aos remos do homem! – O certo é que eles estão no céu. (1997: 643)

Não existe uma imagem do capitalista mais bem feita do que a que é traçada nesse texto. Que é o capitalista? É o que vê o mundo pela ótica da propriedade, é o que vê o mundo pelo ângulo do interesse. Ele olha para as chinelas, para a casa, para o jardim, para a enseada (a Baía da Guanabara), para os morros e para o céu e tudo, desde as chinelas até o céu, tudo entra na mesma sensação de propriedade. Mas ele vai mais adiante, as reticências dizem sem dizer: a morte da irmã e do amigo não foram uma desgraça, foram uma bênção, porque ele ficou rico. Aí vem um diálogo, em discurso direto, entre o coração (lugar dos sentimentos) e o espírito (sede das normas morais). O espírito, envergonhado, quer, ao procurar prestar atenção em outra coisa, afastar o sentimento de júbilo pela morte de Piedade e de Quincas Borba, mas o coração batia de alegria. Finalmente, ele usa o céu como justificativa para apaziguar sua consciência. O capitalista não é só o que vê o mundo pelo ponto de vista da propriedade, é o que sente o mundo pela perspectiva da propriedade, pela ótica do lucro. Machado, vivenciando o capitalismo nascente no Brasil, percebe que, nesse sistema, não prevalecem normas morais, nem sentimentos, mas interesses.

Na verdade, a historicidade do discurso não tem nada a ver com referências a acontecimentos históricos. Mesmo um poema parnasiano, que versa sobre o vaso grego, o vaso chinês, o leque, o muro; que constrói uma poética do pequeno detalhe descritivo com apuro formal muito grande e que, portanto, recusa-se a misturar-se com a História, é histórico. A atitude de recusa da História é histórica. Isso implica que temos que pensar a historicidade do discurso de outro modo.

Quem nos ensina a pensar a historicidade de outra maneira é Bakhtin. Tomemos, por exemplo, a introdução de seu *A cultura popular na Idade Média e no Renascimento: o contexto da obra de François Rabelais* (1987). Nela, o filósofo russo vai estudar a estatuaria grotesca.

É por meio da análise dessas estátuas que Bakhtin vai mostrar-nos o funcionamento real do discurso. Segundo o autor, elas têm uma imagem ambivalente do corpo. Com frequência, mostram mulheres velhas dando à luz em um processo intrinsecamente contraditório da vida e morte. Os corpos, em geral, são disformes e monstruosos. O que as estátuas mostram com frequência são: a gravidez, o parto, a desagregação dos corpos, a satisfação das necessidades naturais. O corpo reproduzido está próximo do nascimento ou da morte: a criança saindo do ventre materno toda suja; a mulher velha grávida; velhos com o corpo feio, acabado. Por outro lado, enfatizam-se aquelas partes em que o corpo é aberto para o exterior: os orifícios e as protuberâncias têm importância muito grande. Muitas vezes, a escultura está numa posição em que o ânus fica bem visível; as estátuas estão de boca aberta; os seios nas esculturas que retratam as mulheres são enormes; o falo é descomunal nas estátuas masculinas; o ventre é exageradamente grande e assim por diante. Bakhtin pergunta-se como é que se podem entender essas esculturas; qual seu significado. Só se pode apreender seu sentido, quando se compreende que ele se constituiu em oposição ao da estatuaria clássica. Nesta, o corpo é bem acabado, é absolutamente proporcional, é totalmente desenvolvido, está depurado de todas as escórias do nascimento e do desenvolvimento, é jovem. Na estatuaria greco-romana, por exemplo, as estátuas de corpo inteiro são de jovens. Os corpos são lindíssimos, estão fechados para o exterior e separados dele. Portanto, esses corpos não enfatizam nem as protuberâncias nem os orifícios. Nenhuma dessas estátuas tem o olho aberto, a boca aberta, nenhuma mostra o ânus. O ventre é chato. O seio das estátuas femininas é diminuto. O falo das estátuas masculinas é bem pequeno. Esse corpo devia ser um corpo belo, perfeito, muito bem proporcionado e bem demarcado do exterior. A estatuaria grotesca retrata exatamente o contrário. Não é o corpo acabado, bem proporcionado, é o corpo tal qual é na vida real.

Para Bakhtin, essa relação de contrariedade, que é constitutiva da estatuária grotesca, é o dialogismo.

Dialogismo significa que um discurso se constitui em oposição a outro. Portanto, ele é heterogêneo: um discurso mostra a si mesmo e seu contrário. Por conseguinte, o sentido organiza-se num movimento dialético e é esse processo que é preciso apreender no estudo da historicidade. A historicidade não são fatos externos ao sentido, é o sentido mesmo, na sua constituição dialética, que é histórico e que uma teoria do discurso deve apreender. Tomemos um cartaz de uma campanha inglesa contra o racismo adaptado de anúncio publicado no *Eurobest 4: the Annual European Advertising and Design Awards*, p. 8.

Figura 1

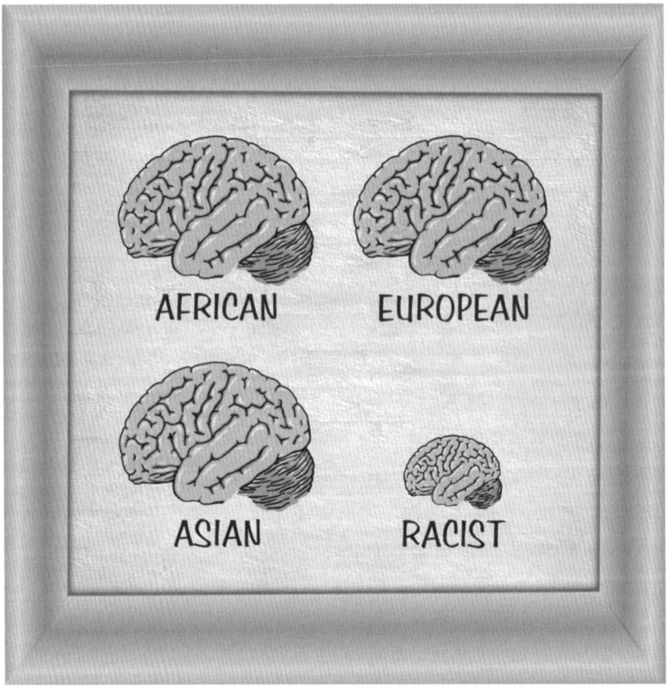

Nele apresentam-se quatro cérebros, três exatamente do mesmo tamanho e um bem menor. Embaixo dos três do mesmo tamanho, aparece escrito: africano, europeu, asiático; embaixo do pequenininho, racista. Pode-se, com base nas relações internas do texto (tamanho dos cérebros e rótulo soto-posto a cada um deles), entender perfeitamente o seguinte sentido: todo mundo, seja africano, europeu, asiático, tem o mesmo nível de inteligência, menos o racista, que é destituído dela. O cérebro do racista é mostrado como sendo pequeno, para denotar sua falta de inteligência. No entanto, isso não é suficiente para compreender a historicidade do texto. O que se deve responder é por que é que se escolheram imagens do cérebro, com os respectivos tamanhos, para uma campanha antirracista. Para responder a isso, é preciso apreender o discurso em oposição a que o discurso da campanha se constituiu: o chamado racismo científico do século XIX. É claro que a denominação "racismo científico" é uma contradição em termos. Não pode ser científico se for racismo, mas era, assim, que ele era chamado. Um exemplo desse discurso é o famoso livro *Essai sur l'inegalité des races humaines* (1853), do Conde de Gobineau, um diplomata francês que chegou mesmo a servir no Brasil. O racismo científico afirmava que os brancos eram mais inteligentes que os negros e os amarelos, porque o cérebro daqueles era maior do que o cérebro das pessoas das outras raças. Faziam-se medidas do cérebro para comprovar isso. Na verdade, isso é bobagem, primeiro, porque o tamanho do cérebro não tem nada a ver com a raça; segundo, porque a dimensão do cérebro não tem a ver propriamente com a questão da inteligência; terceiro, porque a genética mais moderna mostrou que não existe raça. O que importa é que é preciso que se entenda que o discurso do cartaz está opondo-se ao do racismo científico. Está dizendo que o africano, o europeu, o asiático têm o cérebro do mesmo tamanho e, por conseguinte, o mesmo nível de inteligência. Quem não tem o mesmo nível de inteligência é o racista. Se não se apreender essa relação dialógica, não se percebe esse movimento histórico de constituição do sentido.

Esse movimento não é mecânico: constitui-se um discurso segundo em oposição a um discurso primeiro e o processo termina. Não, o discurso primeiro não permanece sem modificações. Ele vai alterar-se em função do segundo e assim sucessivamente, ao longo da História.

Um bom exemplo é a relação entre o discurso criacionista e o discurso evolucionista. Aquele diz que Deus fez o mundo em seis dias e no sétimo descansou. O mundo foi feito, segundo o calendário judaico, há 5.771 anos, porque estamos no ano 5.771 da criação do mundo. Deus criou cada uma das espécies: o camelo, o elefante, o homem, etc. Depois Deus fez, como diz o Gênese, os animais da terra, os peixes da água e os pássaros dos céus passarem diante de Adão, para que ele desse a cada um o nome que convinha. Isso significa, portanto, que cada espécie foi criada da forma como é hoje. Pode haver variações de um indivíduo para outro dentro da espécie, mas não há transformação de uma espécie em outra. O homem nunca poderia ter vindo do macaco no discurso criacionista. O discurso evolucionista constitui-se em oposição a isso. Sabemos quanto Darwin hesitou em publicar *A origem das espécies*, porque ele sabia que estava pondo abaixo um discurso, que estava na base do cristianismo, do judaísmo, etc. O evolucionismo mostra que há mutações, que se dão por acaso, na transmissão genética. Aquelas que são mais adequadas à adaptação do ser ao ambiente permanecem. De geração em geração, vão se processando, então, certas alterações, pequenas, até que em um determinado momento o acúmulo de mudanças dá origem a uma nova espécie.

Depois do aparecimento do discurso evolucionista, o discurso criacionista não ficou estático: desenvolveu a teoria do desenho inteligente, do design inteligente.

Que diz ela? Os sistemas complexos ou hipercomplexos, como o da coagulação do sangue, não podem depender da evolução casual e gradual, pois não se pode pensar que eles sejam resultado do acaso, já que, se faltar qualquer elemento, eles não funcionam. Portanto, é preciso admitir que há um princípio na criação, que é chamado o princípio antrópico (< do grego *ánthropos*, "ser humano"). Ele postula que todas as leis da física e da química foram feitas com a finalidade de criar o homem, o organismo mais complexo que existe. Isso é um desenho inteligente, a existência de um propósito na criação. Se existe um desenho inteligente, um projeto na criação, deve-se prever, por consequência, um projetista inteligente. Aliás, a complexidade da vida é uma das provas da existência de Deus dadas por Tomás de Aquino na *Summa Theologica*, no século XIII (I, 2, 3). A tese do design inteligente coloca-se como um discurso científico, porque trata de sistemas biológicos, físicos, etc., não fala de um Deus que cria o mundo falando. No entanto, ele não pode ser submetido à verificação, como ocorre com o discurso da ciência.

A historicidade é esse movimento dialético de constituição do sentido, é ele que dá espessura histórica ao sentido.

Pessoa e efeito de sentido no discurso

Voltemos à categoria de pessoa. Dissemos que há três níveis de "eu": o do enunciador, o do narrador e o do interlocutor. O interlocutor é a personagem que fala em primeira pessoa em discurso direto; o narrador é aquele que narra, explícita (narração em primeira pessoa) ou implicitamente (narração em terceira pessoa); o enunciador é o autor.

Além da narração em primeira pessoa ou em terceira pessoa, pode-se usar uma pessoa no lugar de outra para criar certos efeitos de sentido. Já notaram que o Pelé fala em terceira pessoa? Ele diz "O Pelé é isso", "O Pelé é aquilo". Numa entrevista à revista *Veja* disse: "É difícil carregar a fama do Pelé. As tentações são muitas. O Edson é humano e adoraria levar uma vida mais divertida, mas sabe que é o equilíbrio e a base do Pelé. Os dois sabem quanto é importante não decepcionar o povo brasileiro" (4/3/2009). Nesse caso, usa-se a terceira pessoa do singular no lugar da primeira do singular, para esvaziar um indivíduo de sua subjetividade, vendo-o como um papel social. É isso que permite que o mesmo ser humano se reparta em dois: o Pelé e o Edson. César, quando escreve o *De Bello Gallico*, usa sempre a terceira pessoa. Embora seja César quem narre, em nenhum momento ele diz "eu", diz sempre "César":

> Sendo cônsules Lúcio Domício e Ápio Cláudio, César, partindo dos quartéis de inverno para a Itália, como costumava fazer todos os anos, ordena aos lugares-tenentes que pusera à frente das legiões que cuidem para que no inverno se construa o maior número possível de naves e para que se consertem as velhas. (1995, v, 1)

Esse uso tem uma dimensão política, pois não é uma pessoa mortal que fala, mas é o Império Romano que enuncia. Tanto isso é verdade que "César" passou a ser a designação de todos os imperadores romanos e essa palavra deu origem aos nomes "kaiser" e "czar". "César" representa, ou melhor, ele é o Império Romano. Há uma edição do Asterix que faz uma brincadeira com essa forma de narrar os feitos da guerra da Gália. César vai mostrar a seus conselheiros como é que ele vai vencer a aldeia gaulesa. Apresenta uma maquete, em que a aldeia do Asterix está cercada de uma muralha, e ao redor dela, está edificada outra cidade, à moda das cidades romanas. Ele diz que vai contar como tudo começou. Narra, então, usando a terceira pessoa no lugar da primeira: "César, tendo invadido a Gália..." Um dos assistentes pergunta a outro de quem ele está falando. O outro responde que ele está falando de si mesmo, porque ele tem o hábito de falar de si mesmo em terceira pessoa.

Uma vez, numa entrevista a uma jornalista, o Viola, jogador de futebol, estava dizendo: "O Viola fez isso", "O Viola fez aquilo". Ela inquiriu: "Viola, por que é que você fala em terceira pessoa?". O jogador parou, porque, certamente, ele não sabia o que queria dizer "falar em terceira pessoa". Ela não o deixou embaraçado; imediatamente, lhe explicou: "Por que é que você diz 'o Viola' e não, 'eu'?". Ele pensou um pouco e deu uma resposta mais ou menos assim: "Não sei, mas acho que é porque Viola é uma coisa que só acontece de cem em cem anos". Cabotinismo à parte, ele entendeu o efeito de sentido que se cria com o uso da terceira pessoa no lugar da primeira. Ele sabia que estava falando de um papel, o jogador de futebol, e não de uma pessoa.

Pode-se usar a segunda pessoa do singular no lugar da primeira do singular. Por exemplo, digo para mim mesmo, quando demoro a compreender uma coisa: "Mas você é burro, hein?". Ou então se pode utilizar a primeira pessoa do singular no lugar de terceira, para produzir um efeito de subjetividade. Ao dizer "Aqui, neste país, se eu precisar do SUS, eu estou perdido", não estou afirmando que somente eu estou perdido, estou asseverando que qualquer brasileiro não terá bom atendimento. Esse "eu" está no lugar de um "ele", para dar a ideia de que cada um, individualmente considerado, não tem bom atendimento no sistema universal de saúde. Qualquer pessoa pode ser usada no lugar de qualquer outra, para criar efeitos de sentido de subjetividade ou de objetividade.

Passemos agora a analisar a instância do enunciador, um "eu" pressuposto, o autor, que não se confunde, como já se disse, com o narrador. É o embaralhamento do autor com o narrador que está na base de afirmações disparatadas, como a que pretende que Machado trata do adultério porque foi traído, que Raul Pompeia aborda a questão da homossexualidade num colégio interno, porque tinha tendências homoeróticas.

Existe, no entanto, uma pergunta que devemos fazer: o autor (o enunciador) deve ser levado em conta numa teoria do discurso? Só pode ser considerado numa teoria linguística, se for uma instância discursiva. Devemos pensar essa questão.

Aristóteles, num passo da *Retórica,* diz:

> É o *éthos* (caráter) que leva à persuasão, quando o discurso é organizado de tal maneira que o orador inspira confiança. Confiamos sem dificuldade e mais prontamente nos homens de bem, em todas as questões, mas confiamos neles, de maneira absoluta, nas questões confusas ou que se prestam a equívocos. No entanto, é preciso que essa confiança seja resultado da força do discurso e não de uma prevenção favorável a respeito do orador. (1991: I, 1356 a)

Aristóteles faz uma asseveração intrigante, a de que é preciso que essa imagem da honestidade do orador venha não de uma presunção prévia sobre seu caráter, mas da força do discurso. Isso significa que não importa se a pessoa realmente é honesta ou desonesta, mas se cria no discurso elementos de credibilidade, de veracidade, se produz uma imagem de pessoa honesta.

Não é preciso nenhuma teoria do discurso para saber se um discurso é verdadeiro ou falso. Se alguém disser que, na véspera, não atendeu ao telefone, às nove horas, porque estava dormindo e, na verdade, estava num bar, disse uma mentira, pois o discurso não condiz com a realidade. É a definição tomista de verdade: *adaequatio intellectus et rei* (Aquino, 1996: I, 59), adequação do discurso à realidade. Para operar com esse conceito não é necessária nenhuma teoria do discurso. Entretanto, é preciso de uma teoria linguística para compreender como se criam efeitos de credibilidade no discurso.

Como é que um político sabidamente corrupto, depois que um procurador suíço envia um documento declarando que suas contas foram bloqueadas, afirma que não tem dinheiro na Suíça e uma parcela da população acredita nele? Como é que se cria confiabilidade no discurso? Que imagem de si mesmo esse autor traz para seu público? Aristóteles diz que o orador – ele tratava do orador de fato, daquele que falava na *ágora*, mas podemos entender o que ele diz para o enunciador em geral –, ao produzir um discurso, cria uma imagem de si, projeta uma imagem de si. Quando falamos de autor como instância discursiva, estamos fazendo referência a essa imagem e não ao sujeito de carne e osso, que não diz respeito à teoria do discurso.

Essa imagem do orador, do enunciador, será chamada *éthos* por Aristóteles. *Éthos* é o caráter do orador, não o caráter real, mas uma imagem de seu caráter, de suas qualidades caracteriológicas, criadas no discurso. Lula cria uma imagem de alguém que tem forte empatia com seu auditório, de alguém muito simpático. Pode ser que ele, na vida real, seja antipático, grosseiro. No entanto, isso não tem nenhuma importância. O que vale, em termos de comunicação, é a imagem projetada no discurso. Nesse sentido, a estratégia da comunicação do presidente é notável.

Aristóteles diz que são três os *éthe*, os caracteres, que servem para persuadir: a *phrónesis*, a *areté* e a *eúnoia*. A *phrónesis* é a ponderação, temos tendência a acreditar nas pessoas ponderadas. *Areté* é a coragem; a qualidade da pessoa que não tem medo de falar. Apreciamos os corajosos. *Eúnoia* é a simpatia, a benevolência (1991: II, 1378a). Como se disse anteriormente, Lula criou essa imagem de simpatia. Uma vez, o Lula estava visitando uma obra, passando no meio dos operários, quando um conseguiu puxá-lo pela manga da camisa. Lula virou-se para conversar com esse trabalhador, que estava com o telefone celular e disse para o presidente: "Ó Lula! Eu tô aqui falando prá minha mãe que tô na sua frente, ela não quer acreditar, você não podia falar com ela?" O Lula pegou o telefone e conversou com a mãe do trabalhador. Ninguém faria isso com José Serra ou com Dilma Rousseff. Essa imagem de simpatia é criada no discurso. O Lula real é assim? Dizem que não é, dizem que às vezes ele é muito áspero na intimidade. Para a teoria do discurso, isso não interessa. O que importa é a imagem pública que foi criada. A do Ciro Gomes é de alguém desmedidamente desbocado. Quando perguntaram a ele qual o papel da Patrícia Pilar em sua campanha, ele respondeu que era central, porque ela dormia com ele. Com isso, Ciro constrói uma imagem da franqueza rude, da *areté* na desmesura, que é inadequada para um político. Evidentemente, como hoje pensamos no enunciador em todas as situações discursivas, sabemos que há muitos outros *éthe*: o confiante, o arrogante, o cínico, etc.

As teorias do discurso mostram que há três elementos configuradores de um *éthos*: a) as características psíquicas ou o *éthos* propriamente dito (firmeza, ponderação, coragem, etc.); b) as características físicas, o corpo (contido, tenso, enérgico, lento, etc.); c) um tom (indignado, sereno, irônico, etc.). Mesmo o texto escrito tem um tom, uma voz (Maingueneau, 1995: 137-140).

Há um interesse muito grande em estudar o que confere eficácia a um discurso. Com frequência, as pessoas dizem que a campanha eleitoral no Brasil não é muito séria, porque os candidatos são vendidos como qualquer produto e não discutem os programas de governo, as grandes questões do país. Em lugar nenhum do mundo se discutem teses e propostas. A campanha eleitoral é da ordem da emoção, das posições, das crenças, das ideologias. A eficácia do discurso se dá quando nos identificamos com o *éthos* de um candidato.

O enunciador pode ser individual – Machado de Assis, José de Alencar, etc. – ou coletivo, como o poeta da terceira geração romântica, o poeta parnasiano, o pintor impressionista. Pode-se analisar, por exemplo, o *éthos* da imprensa dita séria em oposição ao da imprensa sensacionalista. Na primeira totalidade entram o *Estadão,* a *Folha, O Jornal do Brasil, O Estado de Minas, Zero Hora*, etc. Na segunda, *Notícias Populares*, que já nem circula mais, *O Dia* e *Agora*. Por outro lado, pode-se analisar o *éthos* do *Estadão* e o da *Folha* e aí um está em oposição ao outro. Para depreender o *éthos*, a imagem do autor, é preciso de uma totalidade. É necessário estudar o conjunto de seus poemas, para apreender a imagem do poeta da terceira geração romântica; o conjunto da obra de Machado, para capturar a imagem do enunciador. Onde se acha essa imagem? Nas recorrências de elementos discursivos e textuais: por exemplo, na construção de personagens, na pontuação, na escolha de palavras, etc.

Vamos ver como se depreende o *éthos*. Tomemos algumas estrofes de *O Navio Negreiro*, de Castro Alves, que é um poeta da terceira geração romântica. A título de hipótese, vamos considerar que esse excerto representa a totalidade da obra de Castro Alves e esta, a totalidade dos poemas da terceira geração:

> Senhor Deus dos desgraçados!
> Dizei-me vós, Senhor Deus!
> Se é loucura... se é verdade
> Tanto horror perante os céus...
> Ó mar! por que não apagas
> Co'a esponja de tuas vagas
> De teu manto este borrão?...
> Astros! noite! tempestades!
> Rolai das imensidades!
> Varrei dos mares, tufão!...
> [...]
> E existe um povo que a bandeira empresta
> P'ra cobrir tanta infâmia e cobardia!...
> E deixa-a transformar-se nessa festa
> Em manto impuro de bacante fria!...
> Meu Deus! meu Deus! mas que bandeira é esta,
> Que impudente na gávea tripudia?!...
> Silêncio!... Musa! chora, chora tanto
> Que o pavilhão se lave no teu pranto...
>
> Auriverde pendão da minha terra,
> Que a brisa do Brasil beija e balança,
> Estandarte que a luz do sol encerra,
> E as promessas divinas da esperança...
> Tu, que da liberdade após a guerra,
> Foste hasteado dos heróis na lança,
> Antes te houvessem roto na batalha,
> Que servires a um povo de mortalha!...
>
> Fatalidade atroz que a mente esmaga!
> Extingue nesta hora o brigue imundo
> O trilho que Colombo abriu na vaga,
> Como um íris no pélago profundo!...
> ... Mas é infâmia demais... Da etérea plaga
> Levantai-vos heróis do Novo Mundo...
> Andrada! arranca este pendão dos ares!
> Colombo! fecha a porta de teus mares!
> (1966: 229-232)

No início do poema, o poeta descreve o mar tranquilo, cuja vista abarca. Vê um navio, um navio negreiro, aproxima-se e começa a descrever o horror que nele ocorria. Aí apostrofa a divindade perguntando se é verdade tanto horror e endereça-se aos elementos da natureza, pedindo que façam desaparecer o navio. No final do poema, olha para a gávea do navio e vê uma bandeira tremulando, o pavilhão brasileiro, e dirige-se a ela, dizendo que preferia vê-la rota na batalha que servindo a um povo de mortalha. Termina, conclamando os heróis do Novo Mundo a arrancar o pendão dos ares e a fechar a porta dos mares.

A primeira coisa que observamos, nesse poema, é a pontuação. Chama a atenção a quantidade de pontos de exclamação e de reticências. Aparecem mesmo pontos de exclamação depois de pontos de interrogação e reticências após um ponto de exclamação. Essa pontuação indica pausas de elocução, indica surpresa, dá ao poema um tom declamatório, um tom grandiloquente acentuado. O poeta invoca a Deus, o mar, os astros, a noite, as tempestades, o tufão, a bandeira, Andrada, Colombo. O poeta constrói símiles com elementos da natureza, mas apenas aqueles que são grandiosos, turbulentos. Portanto, ele fala do mar, do céu, dos Andes, do Himalaia, do condor, das infinitudes, das imensidões; das procelas, das borrascas, dos furacões...

Que imagem do enunciador essa poesia cria? A de alguém indignado com a situação de escravidão. O tom da poesia, a voz dessa poesia manifesta o que foi chamado a ira condoreira. O corpo é ativo. O poeta é engajado na luta pelo progresso.

Dissemos que o sentido se constitui num movimento dialético. Depois da terceira geração romântica, o que faz o parnasianismo? Desce o tom. Constrói uma voz calma, serena, sem grandes inflexões. Tomemos, por exemplo, o soneto "Vaso Grego", de Alberto de Oliveira.

> Esta de áureos relevos, trabalhada
> De divas mãos, brilhante copa, um dia,
> Já de aos deuses servir como cansada,
> Vinda do Olimpo, a um novo deus servia.
>
> Era o poeta de Teos que a suspendia
> Então, e, ora repleta ora esvazada,
> A taça amiga aos dedos seus tinia,
> Toda de roxas pétalas colmada.
>
> Depois... Mas o lavor da taça admira,
> Toca-a, e do ouvido aproximando-a, às bordas
> Finas hás de lhe ouvir, canora e doce,

Ignota voz, qual se da antiga lira
Fosse a encantada música das cordas,
Qual se essa voz de Anacreonte fosse.
(apud Azevedo, 2006: 18)

Que diz esse poema? Diz que o poeta Teos pegou uma taça que veio do Olimpo, passou o dedo em sua borda e a taça ressoou, como se fosse a voz de Anacreonte, como se fosse a encantada música das cordas. A poesia parnasiana, em oposição à poesia da terceira geração romântica, é a da recusa da História. O poeta não quer participar da História, como quer o poeta da terceira geração romântica, que se engajou na luta abolicionista. O que ele deseja fazer é criar um artefato fora das vicissitudes da história, com absoluta perfeição formal. E daí então se vale de uma sintaxe classicizante, cheia de sínquises, de anástrofes, de hipérbatos. Cuida para que não haja nenhuma frouxidão métrica. Elabora uma métrica perfeita, uma rima sem nenhum defeito. Não tem nada do tom indignado da poesia da geração anterior. Na verdade, é um tom sereno, de uma voz absolutamente educada, que constrói uma poética da descrição, que retrata o vaso grego, o vaso chinês, o leque, o anoitecer, a caçada. As imagens do poeta da terceira geração romântica e do poeta parnasiano são completamente diferentes. Observe-se ainda o soneto "Anoitecer", de Raimundo Correia.

Esbraseia o Ocidente na agonia
O sol... Aves em bandos destacados,
Por céus de oiro e de púrpura raiados,
Fogem... Fecha-se a pálpebra do dia...

Delineiam-se, além, da serrania
Os vértices de chama aureolados,
E em tudo, em torno, esbatem derramados
Uns tons suaves de melancolia...

Um mundo de vapores no ar flutua...
Como uma informe nódoa, avulta e cresce
A sombra à proporção que a luz recua...

A natureza apática esmaece...
Pouco a pouco, entre as árvores, a lua
Surge trêmula, trêmula... Anoitece.
(apud Azevedo, 2006: 31)

O soneto descreve, com muita serenidade, com muita tranquilidade, um anoitecer. Estamos longe da indignação de Castro Alves: "Andrada! arranca este pendão dos ares!/ Colombo! fecha a porta de teus mares!".

Os textos literários, ou artísticos em geral, apresentam para nós questões que a teoria vai resolver muito mais tarde. Olavo Bilac, que é um poeta, como, aliás, os parnasianos todos, que não goza, atualmente, dos favores da crítica universitária, em seu poema "Profissão de fé", mostra, com clareza, como se dá o funcionamento real do discurso.

Le poète est ciseleur,
Le ciseleur est poète.
Victor Hugo.

Não quero o Zeus Capitolino,
Hercúleo e belo,
Talhar no mármore divino
Com o camartelo

Que outro – não eu! – a pedra corte
Para, brutal,
Erguer de Atene o altivo porte,
Descomunal.

Mais que esse vulto extraordinário,
Que assombra a vista,
Seduz-me um leve relicário
De fino artista.

Invejo o ourives quando escrevo:
Imito o amor
Com que ele, em ouro, o alto relevo
Faz de uma flor.

Imito-o.
E, pois, nem de Carrara
A pedra firo:
O alvo cristal, a pedra rara,
O ônix prefiro.

Por isso, corre, por servir-me,
Sobre o papel
A pena, como em prata firme
Corre o cinzel.

Corre; desenha, enfeita a imagem,
A ideia veste:
Cinge-lhe ao corpo a ampla roupagem
Azul-celeste.

Torce, aprimora, alteia, lima.
A frase; e, enfim,

No verso de ouro engasta a rima,
Como um rubim.

Quero que a estrofe cristalina,
Dobrada ao jeito
Do ourives, saia da oficina
Sem um defeito:

E que o lavor do verso, acaso,
Por tão sutil,
Possa o lavor lembrar de um vaso
De Becerril
(1997: 89-90)

A epígrafe de Victor Hugo diz que o poeta é um cinzelador, um ourives, e que o cinzelador, o ourives é poeta. Há três percursos figurativos no texto: o do escultor, o do ourives e o do escritor. O enunciador vai comparar o escritor ao escultor, que faz estátuas grandiosas, ou ao ourives, que faz, no metal precioso, uma obra delicada, uma joia. Ele diz que não quer ser escultor, deseja ser ourives. O que Bilac está nos mostrando é que o parnasianismo recusa a poesia grandiloquente da terceira geração romântica, a de Castro Alves, e pretende construir uma poética da ourivesaria. O parnasianismo quer descer o tom. Observe-se que, a cada modificação histórica do discurso, altera-se também a imagem do enunciador.

Retomemos a tese com que iniciamos: o sentido do discurso é dado por coerções internas à própria linguagem e pela relação de um discurso com outros discursos. O modo de funcionamento real do discurso, que lhe confere espessura história, é que um discurso se constitui em oposição a outro. Há duas grandes famílias de teorias do discurso: as que põem acento nos mecanismos linguísticos de organização discursiva, e as que enfatizam os modos de inscrição da história no discurso. As teorias de grupos diferentes são complementares. Foi o que fez Bakhtin. O filósofo russo vale-se de uma análise linguística, para fazer o que ele vai denominar uma análise translinguística (1970: 239). Quando ele estuda Turgueniev, por exemplo, fala em oração subordinada substantiva objetiva direta (1988: 122). Isso é da ordem da análise linguística. Com base nela, ele vai analisar a constituição histórica do texto, o que é do domínio da translinguística.

As categorias enunciativas são a pessoa, o espaço e o tempo. Neste texto, só analisamos a categoria de pessoa, e, ainda assim, muito rapidamente. Essas categorias, como já se disse, constituem, segundo Benveniste, o aparelho formal da enunciação. Entretanto, todas as grandezas semióticas, e não apenas essas categorias, estão submetidas à ordem da enunciação. Essas categorias foram consideradas o aparelho formal da enunciação, porque têm uma peculiaridade, são embreadores ou dêiticos (< do grego *dêixis*, "ato de mostrar, de apontar"), ou seja, para ser compreendidas, é preciso relacionar o conhecimento internalizado da língua à situação da enunciação; além disso, indicam a pessoa, o espaço e o tempo da enunciação. No entanto, todas as grandezas estão subordinadas à instância da enunciação, dado que todas elas revelam não só uma imagem do autor, mas também um modo de ver o mundo.

Terminamos, para comprovar isso, com esse excerto de um poema de Cabral, "Alguns toureiros".

> Mas eu vi Manuel Rodriguez,
> *Manolete*, o mais deserto,
> o toureiro mais agudo,
> mais mineral e desperto,
>
> o de nervos de madeira,
> de punhos secos de fibra,
> o de figura de lenha,
> lenha seca da caatinga,
>
> o que melhor calculava
> o fluido aceiro da vida,
> o que com mais precisão
> roçava a morte em sua fímbria,
>
> o que à tragédia deu número,
> à vertigem, geometria,
> decimais à emoção
> e ao susto, peso e medida,
>
> sim, eu vi Manuel Rodriguez,
> *Manolete*, o mais asceta,
> não só cultivar sua flor
> mas demonstrar aos poetas:
>
> como domar a explosão
> com mão serena e contida,
> sem deixar que se derrame
> a flor que traz escondida,
>
> e como, então, trabalhá-la
> com mão certa, pouca e extrema:
> sem perfumar sua flor,
> sem poetizar seu poema.
> (1994: 158)

O poeta começa a descrever Manolete com palavras do reino mineral, que dão a ideia da secura: "deserto", "agudo" (com a agudeza da pedra), e, ao mesmo tempo, "desperto". Depois se vale de termos do reino vegetal, mas não daqueles que designam o vegetal verde, mas daqueles que indicam o vegetal seco: "nervos de madeira", "punhos secos de fibra", "figura de lenha", "lenha seca da caatinga". Quando vemos essa descrição de Manuel Rodriguez com termos que concretizam o tema da secura, imaginamos que ele não tinha sentimentos, que ele era um grande toureiro, porque não tinha medo. Logo em seguida o poema derruba essa hipótese de leitura, pois há duas estrofes em que palavras relativas à matemática, ao cálculo, aparecem associadas a termos atinentes aos sentimentos. O toureiro tinha sentimentos, mas ele sabia domar sua explosão com mão serena e contida, sem deixar que eles se derramassem, sabia trabalhá-los com mão certa, pouca e extrema.

Essa leitura do poema, referente à tauromaquia, não consegue explicar algumas expressões do texto: "demonstrar aos poetas" e "poetizar o poema". Esses elementos nos obrigam a estabelecer outro plano de leitura. Ele não está falando da tauromaquia, ele está falando da poesia. Cabral sempre foi contrário àquele esparramamento sentimental de certa vertente da poesia brasileira; para ele, a poesia deve ser trabalhada com mão certa, pouca, extrema. Propõe uma poética da contenção. Portanto, nesse poema, são duas ideias de poética que estão contrapondo-se.

O poema ainda admitiria uma terceira leitura, uma social, a partir do elemento "lenha seca da caatinga".

Como se vê, toda a figuratividade do poema está submetida a uma forma de o enunciador ver o mundo: no caso, a uma maneira de conceber a poesia.

Bibliografia

ALENCAR, J. *Obra completa*. Rio de Janeiro: Aguilar, 1964, v. 2.

AQUINO, T. *Suma Teológica*. São Paulo: Loyola, 2001, v. I.

______. *Suma contra os gentios*. Porto Alegre: EDPUCRS, 1996.

ARISTÓTELES. *Rhétorique*. Paris: Librairie Générale Française, 1991.

AZEVEDO, S. *Parnasianismo*. São Paulo: Global, 2006.

BAKHTIN, M. *La poétique de Dostoïewski*. Paris: Seuil, 1970.

______. *A cultura popular na Idade Média e no Renascimento*: o contexto da obra de François Rabelais. Trad. de Yara Frateschi Vieira. Brasília: Editora da UnB, 1987.

_______. *Questões de literatura e de estética. A teoria do romance*. São Paulo: Editora da Unesp/ Editora Hucitec, 1988.

_______. *Estética da criação verbal*. São Paulo: Martins Fontes, 1992.

Benveniste, É. *Problèmes de linguistique générale*. Paris: Gallimard, 1974, v. 2.

_______. *Problemas de linguística geral*. São Paulo: Nacional/ Edusp, 1976, v. 1.

Bilac, O. *Obra reunida*. Rio de Janeiro: Nova Aguilar, 1997.

Cabral, J. *Obra completa*. Rio de Janeiro: Nova Aguilar, 1994.

Castro Alves, A. *Poesias completas*. Rio de Janeiro: Ediouro, 1966.

César, C. J. *Commentarii de bello gallico*. Paris: Les Belles Lettres, 1995.

Fiorin, J. L. *As astúcias da enunciação*: as categorias de pessoa, espaço e tempo. São Paulo: Ática, 1996.

_______. *Em busca do sentido*: estudos discursivos. São Paulo: Contexto, 2008.

Foucault, M. *História da sexualidade* I. Rio de Janeiro: Graal, 1993.

Gobineau, M. A. de. *Essai sur l'inégalité des races humaines*. Paris: Librairie de Firmin Didot Frères, 1853.

Greimas, A. J.; Courtés, J. *Sémiotique*: dictionnaire raisonné de la théorie du langage. Paris: Hachette, 1979, v. 1.

Guimarães Rosa, J. *Grande sertão: veredas*. 14. ed. Rio de Janeiro: José Olympio, 1980.

Machado de Assis, *Obras completas*. Rio de Janeiro: Nova Aguilar, 1997, v. I.

Maingueneau, D. *O contexto da obra literária*. São Paulo: Martins Fontes, 1995.

Pessoa, F. *Odes de Ricardo Reis*. Lisboa: Ática, 1959.

Picchio, L. S. *História da literatura brasileira*. Rio de Janeiro: Nova Aguilar, 1997.

Ricoeur, P. *Du texte à l'action. Essais d'herméneutique* II. Paris: Seuil, 1986.

Saussure, F. *Curso de linguística geral*. São Paulo: Cultrix/Edusp, 1969.

Schwarz, R. *Ao vencedor as batatas*: forma literária e processo social nos inícios do romance brasileiro. São Paulo: Duas Cidades, 1977.

_______. *Um mestre na periferia do capitalismo*: Machado de Assis. São Paulo: Duas Cidades, 1990.

Zola, E. *Thérèse Raquin*. Paris: Bibliothèque Charpentier, 1953.

História e alcance teórico-metodológico

Beth Brait

Para corresponder ao título,[1] minha exposição está organizada em dois momentos. No primeiro, traço, ainda que de forma não exaustiva, a recepção brasileira das obras de Bakhtin e do Círculo, caminho que resultou no que se denomina, de maneira exclusivamente brasileira, *Teoria/Análise Dialógica do Discurso* (ADD). Nessa perspectiva, insistirei no fato de que os diferentes trabalhos dos componentes do Círculo, elaborados ao longo de mais de meio século, oferecem elementos teórico-metodológicos para uma concepção histórico-social-cultural da linguagem. Num segundo momento, para confirmar o alcance teórico-metodológico dessa ADD, apresento a análise de um texto jornalístico, de excepcional composição e alcance.

Textos do Círculo: recepção

Começo lembrando que está definitivamente estabelecido que Mikhail Bakhtin não escreveu sozinho o conjunto das obras que compõem o que denominamos pensamento bakhtiniano. Este surge da convivência de intelectuais russos que, nas primeiras décadas do século XX, advindos de diferentes lugares do conhecimento – filosofia, literatura, biologia, teoria literária, linguística, etc. –, dialogaram com várias tendências que, naquele momento, tinham na linguagem um ponto de referência – estruturalismo, formalismo russo, freudismo, além da psicologia e do marxismo ortodoxo – e produziram trabalhos que até hoje estão sendo pensados, digeridos, repensados. Esses estudos introduziram uma nova forma de conceber e enfrentar a linguagem. Nos anos 80 e 90 do século passado, o pensamento e os escritos passam a ser reconhecidos como produto de trabalhos de vários autores, aí incluídos Mikhail Bakhtin (1895-1975), Matvei Isaevich Kagan (1889-1937); Pavel Nikolaevich Medvedev (1891-1938); Lev Vasilievich Pumpianskii (1891-1940); Ivan Ivanovich Sollertinskii (1902-1944); Valentin Nikolaevich Voloshinov (1895-1936) e outros.

O conhecimento e a recepção dessas obras desenham uma trajetória que tem importantes implicações para a concepção e análise da linguagem, quer literária ou não. A seguir, designo o conjunto das obras, indicando algumas traduções, aspecto revelador da maneira *dispersa* como foram sendo conhecidas na Rússia e no Ocidente, aí incluído o Brasil.

De início, vale lembrar dois textos, inacabados, não revisados pelo autor, e pouco conhecidos dos bakhtinianos de primeira viagem. "Arte e responsabilidade" (1919) é um texto denso de uma página e meia, que ganha tradução em espanhol em 1982, em inglês em 1986 e, no Brasil, incorpora-se à coletânea *Estética da criação verbal*, a partir da tradução de Paulo Bezerra, publicada em 1992. O segundo, *Para uma filosofia do ato* (1919-21), publicado na Rússia em 1986, em inglês em 1993, em espanhol em 1997, e que no Brasil vinha sendo lido por meio de uma preciosa versão não publicada, mas que correu mundo, de mão em mão, de *e-mail* em *e-mail*, *assinada* por Carlos Alberto Faraco e Cristovão Tezza e permitiu o acesso ao difícil e fundamental trabalho para a compreensão do pensamento bakhtiniano. Somente em 2010, com tradução aos cuidados de Valdemir Miotello e Carlos Alberto Faraco, a obra foi publicada sob o título *Para uma filosofia do ato responsável*, contando com uma alentada e esclarecedora introdução de Augusto Ponzio e um posfácio indispensável de Carlos Alberto Faraco, no qual ele demonstra, citando os vários autores que o acompanham, que essa obra

> contém (em gérmen, é verdade, considerando seu caráter de rascunho fragmentário) as coordenadas que sustentarão boa parte do edifício posterior: a eventualidade (o irrepetível), o sempre inconcluso (o que está sempre por ser alcançado), o antirracionalismo (o antissistêmico), o agir (o interagir) e, acima de tudo (o segundo ponto de vista), que em PFA [*Para uma filosofia do ato responsável*], é designado principalmente pela expressão "tom emotivo-volitivo". (Bakhtin, 2010: 148)

No final dos anos 1920, ao menos quatro obras demonstram a produtividade do Círculo e o fato de estarem discutindo e respondendo às principais tendências dos estudos da linguagem e, também, da psicologia e do marxismo ortodoxo. Inicialmente, *O freudismo: um esboço crítico* (1927), que aparece em inglês em 1976, em francês em 1980, em espanhol em 1999 e em português, sob a tradução de Paulo Bezerra, feita diretamente do russo, em 2001. Essa obra tem autoria disputada, mas, em estudos recentes, alguns pesquisadores não titubeiam em atribuí-la a Valentin N. Voloshinov. Em seguida, *O método formal nos estudos literários*: *introdução crítica a uma poética sociológica* (Leningrado, 1928), traduzida para o alemão em 1976, para o italiano em 1977, para o inglês em 1978 e com tradução para o português pela Editora Contexto, também de autoria disputada, aparecendo tanto em inglês como em espanhol com dupla assinatura: M. Bakhtin/Pavel Medvedev e, na última edição francesa (2008), Pavel Medvedev/Circle de Bakhtine.

Em 1929, aparecem duas das mais conhecidas obras do Círculo. *Marxismo e filosofia da linguagem: problemas fundamentais do método sociológico na ciência da linguagem* (1929), traduzida em língua inglesa em 1973, espanhola em 1976, francesa em 1977 e portuguesa em 1979. Também as traduções demonstram a autoria disputada, indicando ora Bakhtin como autor, ora Voloshinov, ora ambos. Vários pesquisadores contemporâneos defendem a autoria de Valentin Voloshinov. A outra obra, *Problemas da poética de Dostoievski*, que na edição russa de 1929 denominava-se *Problemas da obra de Dostoievski*, e que somente em 1963 ganhou o título com o qual a conhecemos, teve duas traduções para a língua francesa em 1970: uma na França e outra na Suíça. A francesa contém a famosa apresentação de Júlia Kristeva, intitulada "Une poétique ruinée" (Bakhtin, 1970: 21), que resultou nos intensos estudos sobre intertextualidade. Em português, a primeira tradução, de Paulo Bezerra, foi publicada em 1981, e a quarta, revista e ampliada, datada de 2008, incorpora textos de Bakhtin sobre a obra de Dostoievski, que apareciam dispersos em outras publicações.

É necessário mencionar, ainda, *A cultura popular na Idade Média e no Renascimento: o contexto de François Rabelais* (1965), que teve tradução para o inglês em 1967, para o francês em 1970 e para o português em 1987, e é famosa por debater a questão da carnavalização, tema extremamente explorado no mundo todo. Dentre as inúmeras publicações comentando o alcance e a importância desse trabalho, é necessário destacar o estudo intitulado *En torno a la cultura popular de la risa*, editado por S. S. Averintsev, V. L. Makhlin,

M. Ryklin e Tatiana Bubnova (Barcelona/México: Anthropos/F.C.E. Cohen, 2000), no qual, entre os ensaios publicados, aparecem "novos fragmentos dos cadernos de trabalho de Bakhtin, cujo contexto tem a ver diretamente com os temas da cultura popular do riso e do carnaval [...] partes provenientes do aparato crítico da edição russa do texto *Adições e mudanças a 'Rabelais'*, correspondente ao tomo v das *Obras Completas (edição crítica)*" (p. 9). Conforme se pode constatar, e Tatiana Bubnova reitera em suas "Palavras Iniciais", o leitor tem, nesses fragmentos, respostas a algumas questões colocadas em relação a Bakhtin, caso, por exemplo, da ausência ou da exiguidade de referências a importantes tópicos da literatura ocidental. Com esses novos escritos, aparecem comentários sobre tragédias de Shakespeare, ampliando-se da noção de *cronotopia*; menções a Dante e, também, à poesia lírica, anotações que se mostram como leituras de um Bakhtin *insuspeitado*, especialmente para os que leem sua obra de maneira fragmentária.

Dez anos depois de *A cultura popular na Idade Média e no Renascimento: o contexto de François Rabelais*, vem a público a coletânea *Questões de literatura e de estética: a teoria do romance* (1975), traduzida para o francês em 1978, para o inglês em 1981 e para o português em 1988. Nela aparecem seis importantes estudos de Mikhail Bakhtin, realizados em diferentes épocas, dentre eles os que trazem as discussões sobre o conteúdo, o material e a forma, o plurilinguismo, as forças centrípetas e centrífugas, o cronotopo, conceitos que, sem dúvida, são centrais para a compreensão do pensamento bakhtiniano e para a construção do conhecimento sobre as relações existentes entre ser humano/linguagem/mundo.

Sem esgotar reuniões de trabalhos, especialmente em inglês como é o caso de *The Dialogic Imagination* (1981) e *Art and Answerability* (1990), em que produções de Mikhail Bakhtin são reunidas a partir de excelentes traduções, feitas diretamente do russo, e as *Obras reunidas*, em sete volumes, que começaram a ser publicadas na Rússia a partir de 1996, é necessário citar uma das mais lidas no Brasil, ao menos no que se refere ao ensaio "Gêneros do discurso": *Estética da criação verbal* (1979). Trata-se da reunião de textos, incluindo o de 1919, aqui mencionado, e o último publicado em vida, de 1974, intitulado "Por uma metodologia das ciências humanas". Essa coletânea aparece em espanhol em 1982; em português em 1992 e, a partir de 2003, com nova tradução feita por Paulo Bezerra, diretamente do russo.

Para finalizar este item, uma curiosidade em relação aos textos de Bakhtin que vêm sendo descobertos, divulgados e que têm grandes consequências para os estudos da linguagem e também para o ensino. No início dos anos 1940, quando trabalhava como professor em Savelovo e Kimry, produziu um trabalho cujo título em russo é *Voprosy stilistiki na urokakh russkogo iazyka v srednei shkole*, que poderia ser traduzido por "Questões de estilística nas/para as aulas de língua russa na 'escola média'/ensino médio" (tradução para uso didático, feita por Sheila Grillo). Na tradução para o inglês, feita diretamente do russo por Lydia Razran Stone e que, acompanhada de comentários e notas, foi publicada no *Journal of Russian and East European Psychology*, vol. 42, n. 6, November-December 2004, p. 12-49, optou-se por modificar um pouco o título e expressar o espírito geral do texto: *Dialogic Origin and Dialogic Pedagogy of Grammar Stylistics in Teaching Russian Language in Secondary School* / "Origem dialógica e pedagogia dialógica da gramática estilística no ensino de língua russa na escola secundária". O que se quer salientar aqui é a condição de teórico e professor, assumida por Bakhtin, chamando a atenção para a necessidade da escola assumir diante do ensino da gramática uma postura que leve em conta o fato de que, diante das possibilidades lexicais e sintáticas existentes numa língua, o falante, no momento de uma enunciação, ter uma margem de escolhas. E mais: que essas escolhas implicam não apenas diferenças de sentido, testemunham o ponto de vista do enunciador diante do objeto de fala, ou seja, dizem muito sobre o próprio enunciador. Sem dúvida uma reflexão atual, perfeitamente compatível com as dificuldades diante das formas de ensinar língua/linguagem.

Portanto, a despeito da disputa de autoria, questão que não interfere na relevância do conjunto para os estudos da linguagem, as obras estão marcadas pela singularidade de cada um dos autores e, ao mesmo tempo, revelam um eixo por meio do qual os estudos parecem se completar quando vistos lado a lado. Esse é, por exemplo, o caso do conceito de *gênero do discurso*, gestado no texto inacabado *Para uma filosofia do ato responsável*, considerando-se os aspectos destacados por Carlos Alberto Faraco; presente em *O método formal nos estudos literários: introdução crítica a uma poética sociológica*, assinado Medvedev/Bakhtin, especialmente no capítulo "Os elementos da construção artística" (Bajtín (Medvedev), 1994: 207-224); anunciado e prometido em *Marxismo e filosofia da linguagem: problemas fundamentais do método sociológico na ciência da linguagem*, assinado Voloshinov/ Bakhtin; detalhado em *Problemas da poética de Dostoievski*, na edição de 1963; presente em vários momentos dedicados, por Bakhtin, ao estudo do romance, e, finalmente, organizado em "Os gêneros do discurso", escrito na década de 1950, e que faz parte da coletânea póstuma *Estética da criação verbal*, cuja primeira edição data de 1979.

Análise/Teoria Dialógica do Discurso

Considerando-se esse conjunto de trabalhos, de diferentes épocas, com diferentes assinaturas, mas, em sua maioria, voltados para uma reflexão sobre a linguagem, literária ou não, é possível definir, em linhas gerais, o embasamento constitutivo de uma possível *Análise Dialógica do Discurso* (ADD)[2] como sendo a indissolúvel relação existente entre língua, linguagens, história e sujeitos. Essa condição substantiva, presente nos estudos denominados bakhtinianos, que contam com a reflexão dos demais pensadores que compõem o Círculo, exige que os estudos da linguagem se ofereçam como lugares de produção de conhecimento comprometido e responsável. A concepção de linguagem, de construção e produção de sentidos está necessariamente apoiada nas relações discursivas empreendidas por sujeitos historicamente situados, o que significa dizer que os *estudos da linguagem* são concebidos como formulações em que o conhecimento é produzido e recebido em contextos históricos e culturais específicos, os quais exigem do pesquisador, necessariamente, uma ética que tem na linguagem, e em suas implicações nas atividades humanas, seu objetivo primeiro.

Essa perspectiva, ao mesmo tempo teórica e analítica, origina-se e firma-se de maneira diferenciada das demais tendências da Análise do Discurso. Não foi proposta formalmente e, por isso, não goza da historicidade consagrada, por exemplo, à Análise do Discurso Francesa ou anglo-saxã. Instaura-se a partir da maneira como as obras escritas por Bakhtin e pelos demais membros do Círculo foram sendo conhecidas, lidas e interpretadas nas últimas décadas, particularmente no Brasil. Independentemente do peso intelectual e das especialidades de cada um dos membros dessa verdadeira *esfera intelectual* denominada posteriormente Círculo (de Bakhtin), a abundância temática e reflexiva caracterizada pelo amplo leque formado pelos escritos desses autores expõe uma filosofia da linguagem que polemiza, no momento de sua produção, com a linguística, a psicanálise, a teoria literária e, de maneira mais específica, com as culturas e ideologias marcantes naquele momento.

Hoje, graças ao poderoso arcabouço de conceitos e reflexões representado pelo conjunto dos textos, além dos fortes elos estabelecidos com várias áreas do conhecimento – caso da antropologia, dos estudos da linguagem em geral, da historiografia, das teorias políticas –, procedimentos metodológicos são surpreendidos nos trabalhos dos diferentes membros do Círculo, permitindo enfrentar os fatos de linguagem, as complexas relações homem-linguagem, de maneira diferenciada dos demais estudos da linguagem.

Nesse multifacetado panorama, é possível alinhavar e propor uma análise/teoria dialógica do discurso (consultar Brait, 2006: 9-31) tendo no sujeito histórico, social, múltiplo, o centro de suas preocupações, entendendo a linguagem como constitutiva desse sujeito. Destaco alguns aspectos que marcam e singularizam essa *Análise/Teoria Dialógica do Discurso*: a) o reconhecimento da multiplicidade de *discursos* que constituem um *texto* ou um *conjunto de textos* e que se modificam, alteram ou subvertem suas relações, por força da mudança de esfera de circulação; b) as *relações dialógicas* como objeto de uma disciplina interdisciplinar, denominada por Bakhtin *metalinguística* ou *translinguística*, e que hoje pode ser tomada como embrião da análise/teoria dialógica do discurso; c) o pressuposto teórico-metodológico de que as *relações dialógicas* se estabelecem a partir de um ponto de vista assumido por um sujeito; d) as consequências teórico-metodológicas de que as *relações dialógicas* não são dadas, não estando, portanto, jamais prontas e acabadas num determinado objeto de pesquisa, mas sempre estabelecidas a partir de um ponto de vista; e) o papel das linguagens e dos sujeitos na construção dos sentidos; e) a concepção de texto como assinatura de um sujeito, individual ou coletivo, que mobiliza discursos históricos, sociais e culturais para constituí-lo e constituir-se.

Uma nova disciplina: a Metalinguística

Para início da defesa de que no pensamento bakhtiniano há sugestão de metodologia de estudo da linguagem, é possível recorrer à ideia de *metalinguística ou translinguística*, conforme sugerida por Bakhtin na obra *Problemas da poética de Dostoievski*, e à qual Paulo Bezerra, tradutor e estudioso de Bakhtin, se refere da seguinte maneira:

> [...] no livro sobre Dostoievski a metalinguística já se esboça como *método de análise do discurso* e hipótese de uma futura *síntese da filologia com a filosofia*, que Bakhtin imaginava como *uma disciplina* humana nova e específica *capaz*

> *de reunir em contiguidade a linguística, a filosofia, a antropologia e a teoria da literatura.* [grifos meus] (Bakhtin, 2008: x).

Para confirmar essa ideia, basta observar o primeiro momento em que uma "análise/teoria dialógica do discurso" é proposta. No capítulo "O discurso em Dostoievski", Bakhtin afirma:

> Intitulamos este capítulo "O discurso em Dostoievski" porque temos em vista o *discurso*, ou seja, a língua em sua integridade concreta e viva e não a língua como objeto específico da linguística, obtido por meio de uma abstração absolutamente legítima e necessária de alguns aspectos da vida concreta do discurso. Mas são justamente esses aspectos, abstraídos pela linguística, os que têm importância primordial para os nossos fins. Por este motivo as nossas análises subsequentes não são linguísticas no sentido rigoroso do termo. Podem ser situadas na metalinguística, subentendendo-a como um estudo – ainda não constituído em disciplinas particulares definidas – daqueles aspectos da vida do discurso que ultrapassam – de modo absolutamente legítimo – os limites da linguística. As pesquisas metalinguísticas, evidentemente, não podem ignorar a linguística e devem aplicar os seus resultados. A linguística e a metalinguística estudam um mesmo fenômeno concreto, muito complexo e multifacético – o discurso, mas estudam sob diferentes aspectos e diferentes ângulos de visão. Devem completar-se mutuamente e não fundir-se. Na prática, os limites entre elas são violados com muita frequência. (2008: 207)

Nessa primeira referência a uma nova disciplina, intitulada *Metalinguística* e considerada necessária a um estudo do discurso que ultrapassasse os resultados da Linguística, a proposta metodológica para o estudo desse objeto complexo e de muitas faces, embora se ofereça como uma ótica diferenciada, não exclui a Linguística. Ao contrário: recomenda *aplicar os seus resultados*. Como entender esse raciocínio, ou seja, o não dispensar a Linguística, se o pensamento bakhtiniano incide sobre o discurso, a linguagem em uso, e não sobre a língua? Na verdade, essa afirmação tem importância e consequências fundamentais para a *análise/teoria dialógica do discurso* que está sendo gestada, como se verá mais adiante.

Dando continuidade a seus propósitos, Bakhtin vai refinando a definição do objeto e as formas de concebê-lo e abordá-lo a partir da *metalinguística/translinguística*. Na definição seguinte, o termo *discurso*, pertencente ao mesmo tempo à linguística e à nova disciplina, é substituído por *relações dialógicas*: "As relações dialógicas (inclusive as relações dialógicas do falante com sua própria fala) são objetos da metalinguística" (Bakhtin, 2008: 208).

Com essa definição, Bakhtin reveste o objeto a ser estudado pela *Metalinguística/Translinguística* com uma dimensão extralinguística, afirmando literalmente: "[...] *as relações dialógicas são extralinguísticas*". Afinal, pergunta-se o leitor, trata-se de considerar a materialidade linguística, aquilo que pode ser considerado *interno*, como está explicitado anteriormente, ou se trata de tomar como objeto a exterioridade, o extralinguístico?

A resposta aparece no texto de maneira bastante clara:

> Assim, as relações dialógicas são extralinguísticas. Ao mesmo tempo, porém, não podem ser separadas do campo do *discurso*, ou seja, da língua enquanto fenômeno integral concreto. A linguagem só vive na comunicação dialógica daqueles que a usam. É precisamente essa comunicação dialógica que constitui o verdadeiro campo da *vida* da linguagem. Toda a vida da linguagem, seja qual for o seu campo de emprego (a linguagem cotidiana, a prática, a científica, a artística, etc.), está impregnada de relações dialógicas [...]. Essas relações se situam no campo do discurso, pois este é por natureza dialógico e, por isto, tais relações devem ser estudadas pela metalinguística, que ultrapassa os limites da linguística e possui objeto autônomo e metas próprias. (Bakhtin, 2008: 209)

A ideia de uma *Metalinguística/Translinguística*, que tem nas relações dialógicas o seu objeto, é várias vezes recolocada nesse capítulo, confirmando, de diferentes maneiras, a especificidade da abordagem bakhtiniana do discurso, ou seja, sua proposta de encontrar caminhos teóricos, metodológicos e analíticos para desvendar a articulação constitutiva do que há de interno/externo na linguagem. Por exemplo, no seguinte trecho:

> As relações dialógicas são absolutamente impossíveis sem relações lógicas e concreto-semânticas mas são irredutíveis a estas e têm especificidade própria. Para se tornarem dialógicas, as relações lógicas e concreto-semânticas devem, como já dissemos, materializar-se, ou seja, devem passar a outro campo da existência, devem tornar-se discurso, ou seja, enunciado e ganhar *autor*, criador de dado enunciado cuja posição ela expressa. (Bakhtin, 2008: 210)

O enfrentamento bakhtiniano da linguagem leva em conta as particularidades discursivas que apontam para contextos mais amplos, para um extralinguístico aí incluído. O trabalho metodológico, analítico e interpretativo com textos/discursos se dá nessa proposta de criação de uma nova disciplina, ou conjunto de disciplinas, herdando da linguística a possibilidade de esmiuçar campos semânticos, descrever e analisar micro e macro-organizações sintáticas, reconhecer, recuperar e interpretar marcas e articulações enunciativas que caracterizam o(s) discurso(s) e indiciam sua heterogeneidade constitutiva assim como de seus sujeitos. Ultrapassando a necessária análise da "materialidade linguística", deve-se reconhecer o gênero a que pertencem os textos e os gêneros que nele se articulam, descobrir a tradição das atividades em que esses discursos se inserem e, a partir desse diálogo com o objeto de análise, chegar ao inusitado de sua forma de ser discursivamente, à sua maneira de participar ativamente de esferas de produção, circulação e recepção, encontrando sua identidade nas relações dialógicas estabelecidas com outros discursos, com outros sujeitos.

Mesmo que não se recupere integralmente essa primeira e básica semente de uma análise/teoria dialógica do discurso (e que os leitores poderão fazê-lo dedicando-se à leitura integral de *Problemas da poética de Dostoievski*), é possível distinguir aí um traço que vai caracterizar todo o pensamento do Círculo e sua forma de conceber a linguagem e enfrentar a complexidade do discurso. Esse traço fundante diz respeito ao fato de que a abordagem do discurso não pode se dar somente a partir de um ponto de vista interno ou, ao contrário, de uma perspectiva exclusivamente externa. Excluir um dos polos é destruir o ponto de vista dialógico, proposto e explicitado pela teoria e pela análise, e dado como constitutivo da linguagem. É a bivocalidade de "dialógico", situado no objeto e na maneira de enfrentá-lo, que caracteriza a novidade da Metalinguística/Translinguística e de suas consequências para os estudos da linguagem.

Esse arcabouço advindo dos trabalhos de Bakhtin e do Círculo pode, com adaptações que dizem respeito às singularidades das linguagens escolhidas para análise e interpretação, oferecer elementos para a leitura do texto verbal, como tradicionalmente os trabalhos têm sido entendidos, e do texto visual, como fica sugerido em vários estudos. A hipótese principal é a de que, em determinados textos, a articulação entre os elementos verbais e visuais forma um todo indissolúvel, cuja unidade exige do analista o reconhecimento dessa particularidade e a utilização de metodologia e fundamentação teórica compatíveis com essa realidade.

O termo *verbal* é compreendido tanto em sua dimensão oral quanto escrita e *visual* abrange a *estaticidade* da pintura, da fotografia, do jornalismo impresso, e a *dinamicidade* do cinema, do audiovisual, do jornalismo televisivo, etc. Nesse sentido, o que ganha relevo é a concepção semiótico-ideológica[3] de texto que, ultrapassando a dimensão exclusivamente verbal reconhece visual, verbo-visual, projeto gráfico e/ou projeto cênico como participantes da constituição de um enunciado concreto. Assim concebido, o texto deve ser analisado, interpretado, reconhecido a partir dos mecanismos dialógicos que o constituem, dos embates e tensões que lhe são inerentes, das particularidades da natureza de seus planos de expressão, das esferas em que circula e do fato de que ostenta, necessariamente, a assinatura de um sujeito, individual ou coletivo, constituído por discursos históricos, sociais e culturais, mesmo nos casos extremos de ausência, indefinição ou simulação de autoria.

Esse conceito encontra apoio em vários escritos de Bakhtin e do Círculo. Dentre eles, o conjunto de notas intitulado "O problema do texto na linguística, na filologia e em outras ciências humanas: uma experiência de análise filosófica" (Bakhtin, 2003: 307), ensaio que faz parte dos apontamentos datados de 1959-1961, publicados pela primeira vez em 1976, e seu diálogo com outros ensaios no que se refere às sugestões sobre o visual, de forma especial, mas não exclusiva, em "O autor e a personagem na atividade estética" (Bakhtin, 2003: 3-192).

As reflexões em torno das concepções de texto, enunciado, discurso, relações dialógicas, autoria, leitor, *imagem*, surpreendem e formam uma rede coerente, colaborando para a percepção do alcance do pensamento bakhtiniano para as questões voltadas para a verbovisualidade. Mais um aspecto a ser destacado é o conjunto de vezes em que as aproximações, e em muitos momentos a superposição, *texto/enunciado*, independentemente da exclusividade do verbal, vão sendo esboçadas. O questionamento sobre as diferenças entre *texto* e *enunciado concreto*, ou mesmo as gradações, passagens e fronteiras entre um e outro, constitui um ponto de atração para todos os estudiosos dos trabalhos do Círculo. Se no ensaio "Os gêneros do discurso" (Bakhtin, 2003: 261-270) há uma longa reflexão sobre as diferenças existentes entre enunciado, enquanto *unidade da comunicação*, existência efetiva da linguagem, e oração, *unidade da língua*, em "O problema do texto na linguística, na filologia e em outras ciências humanas: uma experiência de análise filosófica" é a inter-relação texto/enunciado que ganha o primeiro plano, ampliado para "qualquer conjunto de signos", conforme se pode observar em alguns recortes: "o texto no sentido amplo como qualquer conjunto coerente de signos, a ciência das artes (a musicologia, a teoria, a história das artes plásticas) opera com textos (obras de arte)" (Bakhtin, 2003: 307); "O texto como enunciado incluído na comunicação discursiva (na cadeia textológica) de dado campo" (Bakhtin, 2003: 309); "Estamos interessados primordialmente nas formas concretas dos textos e nas condições concretas da vida dos textos, na sua inter-relação e interação" (2003: 319).

Da mesma forma, as afirmações relativas ao *enunciado* estão articuladas com *sentidos*, *sujeitos*, *discurso*, *produção de discurso*, não podendo, portanto, ser dissociadas da concepção de texto: "Só o enunciado tem relação *imediata* com a realidade e com a pessoa viva falante (o sujeito)" (p. 328); "O enunciado como um conjunto *de sentidos*" (p. 329); "O enunciado (produção de discurso) como um todo individual, singular e historicamente único" (p. 334); "Todo texto tem um sujeito, um autor (o falante, ou quem escreve) (p. 308); "O problema do segundo sujeito, que reproduz (para esse ou outro fim, inclusive para fins de pesquisa) o texto (do outro) e cria um texto emoldurado (que comenta, avalia, objeta, etc.)" (p. 309); "Pode-se dizer que o interpretador é parte do enunciado a ser interpretado, do texto (ou melhor, dos enunciados, do diálogo entre eles), entra nele como um novo participante" (p. 329).

Como se viu, o conceito de *discurso*, por sua vez, aparece como rede de *relações dialógicas* estabelecidas e assumidas por um sujeito (e não dadas de antemão), expressas na linguagem a partir de um *ponto de vista*. Essa noção é fundamental para a perspectiva teórico-metodológica de análise e teoria dialógica do discurso e aparece duplamente expressa nos termos *discurso* e *relações dialógicas*. "O problema do texto na linguística, na filologia e em outras ciências humanas: uma experiência de análise filosófica", escrito entre 1959-1961, coincide em certa medida com a preparação da segunda edição de *Problemas da obra de Dostoievski* (1929), que sairia em 1963 com o título *Problemas da poética de Dostoievski* (Brait, 2009: 45-72). É bastante plausível, portanto, que a caracterização de discurso/relações dialógicas como objeto da metalinguística apareça em forma de *anotações*, com a observação de que "A especificidade das relações dialógicas requer um estudo especial", o qual foi desenvolvido e refinado na segunda edição da obra sobre Dostoievski.

Se tanto nas anotações dos anos 1959-1961 como em *Problemas da poética de Dostoievski* (Bakhtin, 2008: 208) *discurso/relações dialógicas* constitui o *objeto da metalinguística* ou *translinguística,* oferecendo-se como parte fundamental do gesto teórico-metodológico fundador de uma perspectiva dialógica de concepção e análise de discursos, essa noção tanto quanto a de texto/enunciado concreto deve servir de medida para a leitura da verbo-visualidade, conforme sugestões presentes nos dois textos. Das anotações referentes a discurso/relações dialógicas, relacionadas a textos, enunciados, vozes, podem ser destacadas as seguintes: "As relações dialógicas entre os textos e no interior de um texto" (Bakhtin, 2003: 309); As relações dialógicas entre os enunciados, que atravessam por dentro também enunciados isolados, pertencem à metalinguística. "As *relações dialógicas* são de índole específica: não podem ser reduzidas a relações meramente lógicas (ainda que dialéticas) nem meramente linguísticas (sintáticocomposicionais). Elas só são possíveis entre enunciados integrais de diferentes sujeitos do discurso" [...]. E "as relações dialógicas são relações (semânticas) entre toda espécie de enunciados na comunicação discursiva" (p. 323).

Análise do visual e do verbo-visual

Um dos aspectos que interessam particularmente ao estudo do visual e do verbo-visual explicita-se no fato de que Bakhtin considera *relações dialógicas* o objeto de uma *teoria/análise dialógica do discurso*, como sendo "possíveis também entre outros fenômenos conscientizados desde que esses estejam expressos numa matéria sígnica. Por exemplo, as relações dialógicas são possíveis entre imagens de outras artes", conforme afirmação contida em *Problemas da poética de Dostoievski* (2008: 211). Em "O problema do texto na linguística, na filologia e em outras ciências humanas: uma experiência de análise filosófica" também está presente essa questão, confirmando o conhecimento e o interesse do pensador russo pelo visual, embora sejam oferecidas sugestões, mas não análises detalhadas.

Dessas sugestões inferimos uma noção de texto que implica conhecimentos que vão bem além do que se poderia chamar de *alfabetização formal* em uma determinada língua. (A análise feita a seguir, encontra-se detalhada em *Literatura e outras linguagens* (Brait, 2010: 209-213), fazendo parte do capítulo "Tramas verbo-visuais da linguagem" (p. 193-228), em que outras análises de textos verbo-visuais são realizadas.) Digamos que não precisaríamos ir a Bakhtin para fazer essa afirmação. O dia a dia abriga pessoas que nunca frequentaram a escola e que são capazes de tomar ônibus, distinguir cédulas e moedas, reconhecer o preço dos alimentos nas feiras e supermercados, conferir troco, responder adequadamente a um sem-número de situações para as quais, em princípio, seria necessário o *letramento* verbal. Há uma coisa muito importante ligada à leitura: o mesmo indivíduo transforma-se em leitor diferente, dependendo do tipo de leitura que está fazendo. Um gramático, por exemplo, não lê texto apenas para descrever e interpretar fenômenos linguísticos. Ele pode empenhar todo um fim de semana para curtir seu gênero preferido. Nada impede, entretanto, que o olhar profissional surpreenda excelentes exemplos para sua pesquisa. Os textos oferecem, sempre, esse acolhimento de diferentes olhares. Basta que o leitor proficiente se coloque ou desloque conforme os lugares ocupados pelo texto.

Esse é o caso do texto intitulado "Coluna social", de Marcos Augusto Gonçalves, publicado no jornal *Folha de S.Paulo*, 1-2, quinta-feira, 20/01/1994, que, de imediato, faz o leitor do jornal se perguntar: por que a *coluna social* foi deslocada para a página 2 do Primeiro Caderno?

Para o leitor acostumado a ler jornal diário, que prioriza e hierarquiza assuntos, o que se denomina *coluna social* é um *texto* que não ocupa os primeiros cadernos, destinados à economia, à política e a outros assuntos de interesse geral. Se quiser lê-la, ele sabe que vai encontrá-la em outro lugar. Por essa razão, no dia 20 de janeiro de 1994, uma quinta-feira, quando o leitor do jornal *Folha de S.Paulo* se deparou com o texto intitulado "Coluna Social", impresso na página 2 do Caderno 1, estranhou bastante.

Figura 1

Coluna social

Marcos Augusto Gonçalves

SÃO PAULO — *Sebastião da Silva e família deixam os Jardins. Passam a receber a partir desta semana em Santa Cecília.*

Mais precisamente, debaixo do elevado da Amaral Gurgel.

★

Quem está rindo à toa é o petutinho Rosival da Silva. Depois de idas e vindas pelos corredores oficiais, descobriu que sua conta do FGTS estava em ordem.

O dinheiro sai no mês que vem.

E vai dar para uma semana.

★

O globe-trotter Jair da Silva vai passar mesmo o verão em Sampa.

Bem que o rapaz tentou, mas um pequeno problema com a segurança do Aeroporto Internacional impediu seu giro à Europa. A bordo do trem de pouso de um Airbus da Varig.

★

A pobrete Joana da Silva abre as portas de sua residência no East-Side paulistano.

No menu, feijão e asa de frango.

Sobras da campanha do Betinho.

★

O lasanha João da Silva cansou. Não frequenta mais o Trianon.

O moço agora só atende a domicílio. E com hora marcada.

★

A "baianidad" está em polvorosa. Apesar dos esforços de FHC, a inflação devora, como nunca, os salários da construção civil.

★

O potin da semana é a revelação dos diários de Paulo Sérgio Espírito Santo: suas declarações sobre a síndrome de Michael Jackson ainda causam frisson entre os modernetes do circuito teen-teen.

★

Agora é definitivo. Romildo da Silva deixa mesmo seu cargo numa importante metalúrgica paulistana.

Vai assumir o escovão numa multinacional de limpeza.

★

Os importados continuam em alta. Que digam os animados big-shots do Monkey Hill, no Rio. Acaba de desembarcar no pedaço mais um carregamento de Uzis israelenses.

São de deixar qualquer ministro militar de água na boca.

Figura 2

SÃO PAULO – Sebastião da Silva e família deixam os Jardins. Passam a receber a partir desta semana em Santa Cecília.
Mais precisamente, debaixo do elevado da Amaral Gurgel.
*

Quem está rindo à toa é o petutinho Rosival da Silva. Depois de idas e vindas pelos corredores oficiais, descobriu que sua conta do FGTS estava em ordem.
O dinheiro sai no mês que vem.
E vai dar para uma semana.
*

O globe-trotter Jair da Silva vai passar mesmo o verão em Sampa.
Bem que o rapaz tentou, mas um pequeno problema com a segurança do Aeroporto Internacional impediu seu giro à Europa. A bordo do trem de pouso de um Airbus da Varig.
*

A pobrete Joana da Silva abre as portas de sua residência no East-Side paulistano.
No menu, feijão e asa de frango.
Sobras da campanha do Betinho.
*

O lasanha João da Silva cansou. Não frequenta mais o Trianon.
O moço agora só atende a domicílio. E com hora marcada.
*

A "baianidad" está em polvorosa. Apesar dos esforços de FHC, a inflação devora, como nunca, os salários da construção civil.
*

O potin da semana é a revelação dos diários de Paulo Sérgio Espírito Santo: suas declarações sobre a síndrome de Michael Jackson ainda causam frisson entre os modernetes do circuito teen-teen.
*

Agora é definitivo. Romildo da Silva deixa mesmo seu cargo numa importante metalúrgica paulistana.
Vai assumir o escovão numa multinacional de limpeza.
*

Os importados continuam em alta. Que digam os animados big-shots do Monkey Hill, no Rio. Acaba de desembarcar no pedaço mais um carregamento de Uzis israelenses.
São de deixar qualquer ministro militar de água na boca.

Observou que a assinatura era a de um comentarista conhecido: Marcos Augusto Gonçalves, articulista, editor da Ilustrada, de Especiais da Folha, do Caderno MAIS, com presença constante na página 2, destinada a textos opinativos. Não conhecia a condição de colunista social desse jornalista nem sabia que o jornal havia sofrido mudanças em sua organização. Qual a razão da *coluna social* ter sido deslocada para o Caderno 1 e passar a ser assinada por esse jornalista?

Antes mesmo de ler o texto, portanto, o leitor identificou traços pertencentes a duas diferentes colunas, a dois tipos de seleção, organização e tratamento de informações. Isso faz parte da proficiência textual de qualquer leitor de jornal, de sua condição de indivíduo que lê tanto os textos de opinião quanto os da coluna social, considerando suas semelhanças, já que ambos fazem parte da esfera jornalística, mas entendendo suas diferenças, suas especificidades.

Observando o texto em questão, constata-se que a organização geral, apreendida visualmente, remete à formatação típica da *coluna social*: períodos curtos, separados por asterisco, o que justifica, além do título, o estranhamento do leitor. Ao mesmo tempo, a expressão SÃO PAULO, em maiúsculas, iniciando a *coluna*, remete a textos informativos, ligados a um espaço do jornal que não é o da *coluna social*.

Juntando as duas coisas, o leitor coloca-se num lugar ambíguo, sem saber exatamente como se posicionar: leitor da *coluna social* ou de textos informativos/opinativos, conforme tradicionalmente apresentados nas primeiras páginas do Caderno 1? De fato, essa dúvida, ainda que normalmente não explicitada de forma clara e consciente, demonstra atuação múltipla. Se o texto parece ser *bivocal*, ter duas vozes expressando-se ao mesmo tempo, o destinatário também amplia suas antenas. É com essas munições que parte para o restante do texto.

Ao iniciar a leitura, um primeiro aspecto lexical chama sua atenção: os nomes próprios – *Rosival da Silva, Jair da Silva, Joana da Silva, João da Silva, Romildo da Silva*. São todos absolutamente comuns, confundindo, mais uma vez, o foco de leitura. As notas separadas por asterisco, apresentadas aparentemente como típicas da *coluna social*, deveriam dizer respeito a personalidades da vida mundana e artística, a frequentadores dos acontecimentos das classes abastadas, políticas, de projeção. Não a desconhecidos como acontece no texto. Quase todos com nomes e sobrenomes são reconhecidos como sendo comuns a brasileiros, especialmente os *desconhecidos*.

Estaria o comentarista criando uma ficção para simplesmente provocar o riso no leitor? Mas por que o jornal permitiria uma brincadeira desse tipo, desestabilizando a organização das informações e sua disposição nas páginas e nos cadernos? Para obter a resposta, o leitor terá de ler o texto até o final, sem perder a ambígua articulação que, em momento algum, deixa de lado os aspectos típicos da *coluna social* e, ao mesmo tempo, os comentários a respeito dos acontecimentos que foram ou estavam sendo notícia durante a semana, como se verá mais adiante.

No que diz respeito à dimensão linguística, além da designação dos protagonistas dos fatos reportados, muitas expressões sinalizam os diferentes lugares que estão sendo articulados no texto, mantendo a ambiguidade, mas puxando o leitor para uma resposta às perguntas iniciais. A maioria dos termos e expressões, por exemplo, remete *à coluna social*, que se caracteriza pelo abuso dos jargões de uma determinada classe, de um determinado momento, assim como a abundância de termos estrangeiros: *deixam os Jardins*; *passam a receber*; *o globe-trotter*; *a pobrete*; *O lasanha*; *A "baianidad"*; *O potin da semana*; *causam frisson entre modernetes do circuito teen-teen*; *big-shots do Monkey Hill*.

Essa não é, normalmente, a linguagem utilizada pelo texto de opinião colocado na segunda página do Primeiro Caderno. A articulação entre os nomes próprios e esses termos e expressões, entretanto, configura a ironia. Se num primeiro momento a estrutura textual irônica causa o riso, na sequência causa desconforto, prolongando o suspense e a sensação de que há aí mais que uma simples brincadeira.

Onde o texto pretende chegar com esse jogo que subverte gêneros, embaralha espaços jornalísticos, provoca o leitor e prende sua atenção, mais do que a coluna social ou o texto de opinião colocados em seus devidos lugares?

Para tentar compreender a maneira como a produção de sentidos aconteceu e acontece, comecemos pela historicidade do texto e pelo contexto que o abrigou. O leitor de hoje, mesmo sendo leitor do jornal de onde o texto foi recortado, terá dificuldades de saber, por exemplo, que todas as notas, apesar da *tonalidade* superficial, conferida pela linguagem própria da *coluna social*, referem-se a acontecimentos do cotidiano vivido pelo país em 1994. Hoje, como naquele momento, o texto está apontado para fora de si mesmo, chamando o leitor a uma leitura mais atenta. Aceitando essa sinalização e buscando o momento em que o texto foi publicado, o leitor encontrará algumas respostas, incluindo as razões que justificam o procedimento do jornalista e a aceitação por parte do jornal.

Nenhum nome é fictício. Todos os protagonistas viveram esses dramas urbanos e os clichês *glamourosos* servem apenas para simular, pela ironia, a banalização que a linguagem informativa pode provocar. Essa é uma estratégia para expor esses acontecimentos de uma forma diferente, tirando o leitor da letargia que o faz percorrer mecanicamente as páginas do jornal, obrigando-o a enfrentá-los. Se o texto todo aponta para isso, um exemplo claro é o termo *baianidad*, deslocado de determinados registros, funcionando como tradução para o politicamente incorreto *baianos*, utilizado para designar os profissionais da construção civil: *A "baianidad" está em polvorosa. Apesar dos esforços de FHC, a inflação devora, como nunca, os salários da construção civil.*

A informação que gera essa frase, assim como as demais que compõem o texto, só poderá ser localizada se o leitor recuperar um exemplar do jornal daquele dia: olhando apenas algumas páginas da *Folha de S.Paulo*, é possível localizar vizinhanças desse texto que, no dia 20/01/1994 fez o leitor parar, mudando sua costumeira atitude.

Figura 3

O jogo irônico, percebido no final, foi sendo montado paulatinamente, dependente de muitos fatores. O que se percebe, mesmo a distância, é que o texto, inovando do ponto de vista do gênero, do deslocamento de formas de organizar informações, desestabiliza o leitor, arranca-o de sua condição confortável, chamando a atenção para acontecimentos naturalizados pela leitura diária do jornal e pela banalização do sofrimento humano. O título, ao final da leitura, refere-se não a uma seção intitulada *coluna social*, que serviu de pretexto ao autor do texto, mas a uma fatia significativa da sociedade, exposta pela aparente via da superficialidade.

Considerações finais

O objetivo desta exposição, que em determinados momentos retoma exposições feitas e/ou publicadas em outros livros, foi evidenciar o longo percurso dos trabalhos do Círculo e a maneira como foram e estão sendo conhecidos até hoje. A partir do olhar do conjunto, que não tem e nem poderia ter a linearidade reflexiva de uma obra pensada por um único filósofo, linguista, teórico da literatura ou da cultura, é possível reconhecer a singularidade de pensadores que, reunidos e dispersos por força do momento histórico em que viveram, conseguiram legar uma reflexão filosófico-linguística que hoje possibilita enfrentar textos e discursos em sua historicidade, em sua força expressiva e ideológica. Embora sem o conforto de um manual de procedimentos, ou de amarras contundentes, as obras, de forma explícita e por meio de análises, indiciam procedimentos metodológicos que, no Brasil, passamos a identificar como análise dialógica do discurso (ADD).

Notas

1 Este capítulo é resultado de pesquisa realizada com auxílio do CNPq, por meio de Bolsa de Produtividade em Pesquisa.

2 Para o aprofundamento dessa questão, ver Brait, 2006: 9-31, fonte primeira desta parte deste trabalho, e Brait, 2012, em que a questão do texto e do discurso está detalhada.

3 A concepção semiótico-ideológica de texto, presente na reflexão do Círculo, pode ser constatada em vários textos, incluindo-se *Marxismo e filosofia da linguagem*, Bakhtin/Voloshinov, e "O problema do texto na linguística, na filologia e em outras ciências humanas". A esse respeito, consultar Brait, 2012.

Bibliografia

AVERITSEV, S.; MAKHLIN, V. L.; RYKLIN, M.; BUBNOVA, T. *En torno a la cultura popular de la risa*: Nuevos fragmentos de M. M. Bajtín ("Adiciones y câmbios a Rabelais"). Barcelona/México: Rubi: Anthropos/F.C.E. Cohen, 2000.

BAJTÍN, M. M. *Estética de la creación verbal*. Trad. Tatiana Bubnova. México/Madrid/Bogotá: Siglo XXI, 1982.

________. (MEDVEDEV, Pavel N.). *Los elementos de la construcción artística. In: El método formal en los estúdios literários*. Trad. Tatiana Bubnova. Madrid: Alianza Editorial, 1994, p. 207-224.

BAKHTIN, M. M. *The Dialogic Imagination*. Four Essays. Edit. Michael Holquist. Trans. Caryl Emerson and Michael Holquist. Austin: University of Texas Press, 1981.

_______. *A cultura popular na Idade Média e no Renascimento*: o contexto de François Rabelais. Trad. Yara Frateschi Vieira. São Paulo/Brasília: Hucitec/Ed. Universidade de Brasília, 1987. [1ª. russa 1965]

_______. *Questões de literatura e de estética*: a teoria do romance. Trad. Aurora Fornoni Bernardini et al. São Paulo: Hucitec, 1988.

_______. *O freudismo*: um esboço crítico. Trad. Paulo Bezerra. São Paulo: Perspectiva, 2001.

_______. *Estética da criação verbal*. Trad. Paulo Bezerra. 4. ed. São Paulo: Martins Fontes, 2003.

_______. *Dialogic Origin and Dialogic Pedagogy of Grammar Stylistics in Teaching Russian Language in Secondary School*. *Journal of Russian and East European Psychology*, vol. 42, n. 6, November-December 2004, p. 53-58.

_______. *Problemas da poética de Dostoievski*. Trad. Paulo Bezerra. 4 ed. Rio de Janeiro: Forense Universitária, 2008.

_______. *Para uma filosofia do ato responsável*. Tradução aos cuidados de Valdemir Miotello e Carlos Alberto Faraco. São Carlos: Pedro & João, 2010.

_______; Medvedev, P. N. *The Formal Method in Literary Scholarship*. A critical introduction to sociological poetics. Trad. Albert J. Wehrle. Baltimore/London: The Johns Hopkins University Press, 1978.

_______. (Voloshinov, V.) *Marxismo e filosofia da linguagem*: problemas fundamentais do método sociológico na ciência da linguagem. Trad. Michel Laud e Yara F. Vieira. 8 ed. São Paulo: Hucitec, 1997.

Bakhtine, M. *La poétique de Dostoiévski*. Trad. Isabelle Kolitchef. Prés. Julia Kristeva. Paris: Seuil, 1970.

Bezerra, Paulo. Prefácio à segunda edição brasileira. In: Bakhtin, M. *Problemas da poética de Dostoiévski*. Trad. Paulo Bezerra, 3. ed. Rio de Janeiro: Forense Universitária, 2008, p. v-xxii.

Brait, B. (org.) *Bakhtin, dialogismo e polifonia*. São Paulo: Contexto, 2009.

_______. *Bakhtin*: outros conceitos-chave. São Paulo: Contexto, 2006.

_______. *Literatura e outras linguagens*. São Paulo: Contexto, 2010.

_______. Perspectiva dialógica. In: Brait, B.; Souza-e-Silva, C. *Texto ou discurso?* São Paulo: Contexto, 2012 (Prelo).

Holquist, M.; Liapunov, V. (Edit.) *Art and Answerability*. Early Philosophical Essays by M. M. Bakhtin. Austin: University of Texas Press, 1990.

Voloshinov, V. N. *Freudismo. Un bosquejo crítico*. Trad. Jorge Piatigorsky. Buenos Aires/Barcelona/México: Paidós, 1999.

IV – CONCEPÇÃO INTEGRADA DE DISCURSO

Discursividade e espaço discursivo

Maria Cecília Souza-e-Silva

Atualmente, pouco se fala em Análise do Discurso de modo genérico, mas em Análises do Discurso, mesmo em se tratando da vertente francesa.[1] Não vou, portanto, me deter nesse ponto (Maingueneau, 1995), antecipo apenas que me restrinjo aqui a uma das tendências, aquela desenvolvida por Dominique Maingueneau em *Gênese dos discursos* (1984/2008). E justifico tal opção, retomando, mais ou menos livremente, as palavras de Possenti na introdução dessa mesma obra. Trata-se de um modo novo de fazer Análise do Discurso: são propostas noções e categorias de análise que afetam a discursividade para além da relação direta entre a língua e a história. A especificidade e originalidade dessa obra pode ser vista sob vários ângulos; merecem destaque: a implementação da ideia de que o interdiscurso precede o discurso e o tratamento do discurso a partir de um sistema de restrições/coerções globais. São essas as duas noções, que dão sustentação ao livro; as demais, competência interdiscursiva, interincompreensão, prática discursiva e prática intersemiótica, decorrem delas, digamos desses fundamentos.

Primazia do interdiscurso

Para compreender o espírito do livro, e melhor avaliar seu papel, é prudente examinar, ainda que rapidamente, as forças que ocasionaram a eclosão de dois discursos que aí se encontram em uma relação polêmica, o humanismo devoto e o jansenismo, e enxergá-los a partir da operacionalização da noção da *primazia do interdiscurso*, desdobrada pelo autor em uma tríade: *universo, campo e espaço discursivos*. O *universo discursivo* é entendido como o conjunto de formações discursivas de todos os tipos que interagem em uma conjuntura dada, digamos aquelas que caracterizaram o século XVII na França. Trata-se de um conjunto finito que não pode ser apreendido em sua globalidade, mas é útil ao analista por sua função balizadora, isto é, delimita o horizonte a partir do qual são construídos domínios menores, suscetíveis de serem estudados, os *campos discursivos,* compreendidos como o conjunto de formações discursivas que se encontram em concorrência, delimitando-se reciprocamente – seja em confronto, aliança ou neutralidade aparente – em uma região determinada do universo discursivo. Essa concorrência se dá entre discursos que possuem a mesma função social, mas divergem sobre o modo pelo qual essa função deve ser preenchida. Pode tratar-se do campo político, filosófico, gramatical, etc. O recorte em campos discursivos não define zonas insulares, é antes uma abstração necessária que deve permitir a abertura de múltiplas redes de trocas. A delimitação desses campos não tem nada de evidente – "não basta percorrer a história das ideias para vê-los oferecer-se por si mesmos à apreensão do analista" (Maingueneau, 1984/2008: 34). É no interior do *campo* religioso que Maingueneau delimita sua pesquisa, mas como os *campos discursivos* constituem unidades ainda muito amplas, o autor isola, nesse conjunto, o *espaço discursivo*, isto é, um espaço de trocas constituído por subconjuntos de formações discursivas, cuja relação o analista, a partir de hipóteses fundadas sobre um conhecimento dos textos e um saber histórico, julga pertinente considerar.

Trabalhar com o princípio do primado do interdiscurso, isto é, com a precedência do interdiscurso sobre o discurso, significa que a unidade de análise pertinente não é o discurso, mas esse espaço de trocas construído pelo analista. Chamo a atenção para o princípio da interdiscursividade tal como formulado por Maingueneau: não se trata de considerar cada discurso uma identidade fechada, nem de levar em conta o fato de haver dois ou mais discursos em contato, ou de um enunciado ter mais de um sentido ou a presença de várias vozes, trata-se de olhar para o espaço discursivo, que é o local onde se dá a relação Eu *x* Outro,[2] é o local onde Eu e Outro se constituem, tomam forma. Nessa perspectiva, o princípio do primado do interdiscurso implica considerar que os discursos, em termos de gênese, não se constituem independentemente uns dos outros para serem, em seguida, colocados em relação, mas que eles se constituem, de maneira regulada, no interior de um interdiscurso.

Voltemos, então, à França da segunda metade do século XVII, caracterizado por uma virada decisiva na história do pensamento, a fim de entender a emergência do *corpus* de referência de *Gênese*. Grandes mudanças se superpõem: o advento do racionalismo e da ciência experimental moderna, o desmoronamento de representações tradicionais da sociedade, do universo, do homem e da religião, o enfraquecimento das estruturas feudais tradicionais e a aparição de um Estado moderno centralizado, todo um conjunto de acontecimentos que possibilitaram o que se pode designar, de nascimento da "Idade Clássica" na França. Datam dessa época os embates entre partidários da Reforma protestante e da Contrarreforma católica, contexto no qual o discurso religioso constitui o quadro de referência obrigatório aos debates ideológicos, às polêmicas de envergadura, aquelas que atribuem sentido a uma época. Como já antecipado, o *campo discursivo religioso* foi delimitado pelo autor ao *espaço discursivo*, compartilhado pelos dois discursos que, no interior desse campo, estão em relação polêmica: o humanismo devoto e o jansenismo. Ambos visavam ensinar aos fiéis os comportamentos mais adequados para viver em harmonia com os preceitos cristãos, mas cada um tinha um modo de fazê-lo.

O humanismo devoto, como doutrina religiosa, estava inserido em um movimento cultural preocupado em resgatar os valores da Antiguidade Clássica, glorificando a natureza de modo geral e a humana, em particular. Caracteriza-se pela organização de grandes ordens regulares, por uma teologia de santidade pessoal, afetiva e dirigida para a prática, para os princípios essenciais do cristianismo, valorizando, contudo, os mais consoladores: não acreditavam que o dogma central fosse o pecado original, mas sim a redenção; não questionavam a necessidade da graça divina, mas acreditavam que ela se destinava a todos e não apenas aos predestinados. Ligada à Contrarreforma católica, essa corrente teológica procurava harmonizar a reatualização do humanismo antigo característico da Renascença, com as exigências do dogma, dando importância aos traços de devoção destinados aos fiéis, independentemente de sua posição social. Entre os humanistas devotos, destacou-se a Companhia de Jesus, formada por jesuítas no século XVI, mais precisamente em 1549, com a missão de modernizar intelectualmente a Igreja e de expandir a fé católica, visando enfrentar os novos acontecimentos decorrentes, sobretudo, da Reforma protestante. E o fez, primordialmente, concentrando-se na gestão dos colégios de ensino, instituições de educação que logo se espalharam por toda parte.

O jansenismo, como doutrina religiosa e moral, surgiu formalmente em 1640 com a publicação do livro *Augustinus*, no qual Jansenius, mais conhecido como bispo de Ypres, com a cooperação do abade Saint-Cyran, introdutor do jansenismo na França, retomou e defendeu as ideias de Santo Agostinho sobre a relação entre a graça divina e a natureza humana. A graça divina – eficaz, porque sem ela o homem não pode fazer o bem – relacionada à questão da predestinação – segundo a qual Cristo morreu apenas para alguns homens – era, há muito tempo, discutida no interior da Igreja, cuja tese ortodoxa sempre foi em direção oposta: a vontade humana é livre e, se pecamos, não é porque a graça nos falta, mas porque escolhemos pecar. Porém, no contexto da Reforma, em que Roma havia perdido grande parte de seus fiéis, a publicação de *Augustinus* dividiu a igreja francesa entre, de um lado, os jansenistas e seus adeptos, entre eles grandes escritores, como Pascal, e, de outro, a autoridade eclesiástica, aí incluído o Papa e também seus mais fortes opositores, os jesuítas. Os primeiros, designados por vezes de *Solitários*, levavam uma vida recolhida; muitos se refugiaram na abadia de Port-Royal, antigo convento de freiras, principalmente, a partir do momento em que o abade Saint-Cyran, que colaborou com Jansenius na publicação de *Augustinus*, foi nomeado diretor espiritual do local. Port-Royal tornou-se, então, o local de referência para os jansenistas e também o lugar em torno do qual eles fundaram pequenas escolas,[3] cujo método racional e cartesiano favorecia a reflexão pessoal.[4] Tanto os humanistas devotos quanto os jansenistas disputavam entre si a confissão das grandes famílias nobres e a educação de crianças e jovens. É, pois, nesse contexto que se situa *Gênese.* O discurso humanista devoto que, desde o fim do século XVI, ocupava um espaço privilegiado no campo religioso se cala progressivamente por volta de 1640-1650, enquanto o jansenista se impõe. A passagem de uma dominância a outra se manifesta por meio de uma polêmica aberta entre esses dois discursos.

Sistema de coerções semânticas e a relação polêmica

Tendo já explicitado o princípio do interdiscurso e sua operacionalização pela tríade *universo, campo e espaço discursivos,* passemos, agora, ao outro princípio estruturador de *Gênese dos discursos*, o *sistema de coerções semânticas*, princípio esse que revela o interesse do autor em fazer aparecer as diversas formas de restrição a que um discurso é submetido e a ligar, por diferentes vieses, duas problemáticas, a da gênese e a da interdiscursividade, apreendendo de uma só vez o discurso através do interdiscurso. Os dois princípios estruturantes de *Gênese*, o da *primazia do interdiscurso* e o da *semântica global*, explicam não só os demais princípios do modelo, isto é, a competência discursiva/interdiscursiva, a interincompreensão, a prática discursiva e a prática intersemiótica, como também conferem aos discursos um conjunto de traços que os caracterizam. Tal sistema funciona como um filtro que fixa os critérios pelos quais certos textos se distinguem do conjunto dos textos possíveis como pertencendo a uma dada formação discursiva e incide sobre dois domínios estreitamente ligados, que delimitam o dizível de um campo discursivo dado.

Em se tratando do *corpus* de referência do autor, esse filtro determina o universo intertextual católico no qual circulam os atores sociais, relações, axiologias, etc. e os dispositivos acessíveis à enunciação religiosa: gêneros discursivos, modos de argumentar, etc. O conteúdo desse campo varia de acordo com o discurso em questão. A hipótese de Maingueneau é a de que os tratamentos aplicados ao humanismo devoto e ao jansenismo são governados por um sistema de coerções único, que deve ser concebido como uma *competência discursiva*. Assim como há coerções que definem a "língua" há coerções que definem o discurso. O discurso, concebido como processo e não como produto, exige usuários capazes de reconhecer as formações discursivas às quais estão filiados; essa competência se explica não em decorrência das qualidades do sujeito, mas sim pelo pequeno número de coerções a que um discurso está submetido.[5] Assim, ser enunciador de um discurso é ser capaz de reconhecer enunciados como bem formados, isto é, pertencentes à sua formação discursiva, e produzir um número ilimitado de enunciados pertencentes a essa formação discursiva. A noção de *competência discursiva,* assentada no princípio do primado do interdiscurso e, portanto, no quadro do espaço discursivo, deve ser pensada como *competência interdiscursiva*, o que supõe: (i) a capacidade do enunciador em reconhecer a incompatibilidade semântica de enunciados da(s) formação(ões) do espaço discursivo que constitui(em) seu Outro; (ii) e igualmente a capacidade de interpretar, de traduzir esses enunciados nas categorias de seu próprio sistema de coerções. O enunciador, "quando é confrontado com seu Outro [...] é condenado a produzir simulacros desse Outro, e simulacros que são apenas seu avesso" (Maingueneau, 1984/2008: 55). Isso porque uma posição enunciativa não pode sair de seu fechamento semântico, ela só pode emprestar ao Outro suas próprias palavras. Manifesta-se, assim, a irredutível descontinuidade que funda o espaço discursivo.

A construção do modelo elaborado para o espaço discursivo jansenismo/ humanismo devoto baseia-se na aplicação de algumas operações a partir das quais se obtêm dois conjuntos de semas que se organizam em duas classes, os que um discurso reivindica como positivos e os que rejeita como negativos. Não cabe neste espaço explicar os detalhes da construção do modelo, mas reter alguns aspectos que caracterizam cada discurso. Os dois discursos são construídos a partir de uma oposição primitiva, a "Concentração" no discurso jansenista em oposição à "Expansão" no humanismo devoto. Os semas reivindicados como positivos pelos jansenistas estão intimamente relacionados à Concentração. Para os jansenistas, um objeto semanticamente ideal deve possuir, entre outros, semas de /Pontualidade/, indicando a concentração máxima de um espaço qualquer, /Consistência/, /Estabilidade/ e as relações de /Identidade/ e /Alteridade/. Esses semas, pelo processo de *tradução*, que será explicado mais adiante, são indissociáveis de seus contrários, os semas negados, atribuídos ao discurso humanista devoto, respectivamente, /Extensão/,/Inconsistência/, /Instabilidade/, /Mistura/.

Já para os humanistas devotos, os semas reivindicados estão relacionados à "Expansão" e ao objeto semântico "Ordem" em torno do qual se organiza seu discurso. Uma "Ordem" apresenta-se como um conjunto formado por elementos complementares e hierarquizados, integrando a diversidade tanto quantitativa como qualitativa, mas sempre em harmonia em um mundo sem rupturas. Os semas que caracterizam o discurso humanista devoto são, entre outros, a /Comunicação/, a /Plasticidade/, a /Moderação/, o /Ritmo/. À semelhança do modelo jansenista, esses semas, por um processo de *tradução*, são indissociáveis de seus contrários atribuídos ao discurso jansenista, respectivamente, /Ruptura/, /Dureza/, /Excesso/, /Fixidez/.

A relação polêmica baseia-se nessa dupla bipartição: "cada polo discursivo recusa o outro como derivando de seu próprio registro negativo de maneira a reafirmar a validade de seu registro positivo" (Maingueneau, 1984/2008: 64). Opera-se, assim, uma espécie de *tradução* de um discurso para outro, *tradução* vista não como uma transposição interlinguística, situação na qual se tem a passagem de um idioma a outro, mas como um modo de entendimento do outro discurso "[...] cada um entende os enunciados do Outro na sua própria língua, embora no interior do mesmo idioma" (p. 100).

Pela ideia mesma de funcionamento de uma operação de tradução de um discurso-paciente (traduzido) por um discurso-agente (tradutor) percebe-se que a captação desse Outro é incontornavelmente a captação de um simulacro desse Outro. Se uma formação discursiva não lida com o Outro, mas com um simulacro que constrói desse Outro, isso não significa que a relação com esse Outro seja externa ou posterior ao momento de delimitação das fronteiras de um discurso: "[...] manter a própria identidade e definir *a priori* todas as figuras que o Outro pode assumir são uma só e mesma coisa." (Maingueneau, 1984/2008: 105). Para constituir e preservar sua própria identidade, um discurso não lida com o seu Outro como tal, mas sim com um simulacro desse Outro, simulacro que, a partir da perspectiva assumida, ele é capaz de construir acerca desse Outro.

A operação de tradução explica, assim, o fenômeno denominado por Maingueneau de *interincompreensão*,[6] "que não tem nada a ver com má vontade ou incompetência dos adversários mútuos" (Possenti, 2009: 24), mas com a impossibilidade de compreensão de um discurso a partir de outro, de outra posição. Em outras palavras, percebe-se que uma formação discursiva não define somente um universo no qual ela se move; pelo contrário, para fazê-lo, "ela define igualmente seu modo de coexistência com os outros discursos" (Maingueneau, 1984/2008: 106). Sendo assim, para toda e qualquer posição enunciativa, "não há dissociação entre o fato de enunciar em conformidade com as regras de sua própria formação discursiva e de 'não compreender' o sentido dos enunciados do Outro" (Maingueneau, 1984/2008: 99). A relação polêmica com o Outro é constitutiva de todo discurso. No entanto, uma coisa é certa: a polêmica nunca representará "um jogo gratuito", e mesmo os espaços mais totalitários – aqueles que, em princípio, não temeriam a iniciativa de um Outro que os contradissesse – polemizam incessantemente, entregando-se "ao ritual de admissão-expulsão do simulacro do Outro" (Maingueneau, 1984/2008: 113). Até porque, conforme vimos, essa polemização com o Outro é a garantia mesma da identidade de um discurso.

Se dizemos que a atividade de polemização é essencial para o estabelecimento de uma dada identidade discursiva, essa não é, porém, a única razão que justifica sua existência. Para além do estabelecimento de sua identidade, um discurso deve ainda, retomando as palavras de Maingueneau, "mascarar" sua própria invulnerabilidade. Como entender tal atividade de mascaramento? Ora, como condição mesma da discursividade, é certo que um discurso "tem resposta para tudo", que ele está apto a "dizer o Real e o Bem"; mas é igualmente certo que ele só terá sua eficácia se puder fazer acreditar que ele pode efetivamente ser ameaçado – e mesmo destruído –, tendo suas verdades refutadas pelo Outro, razão por que deverá fazer crer que é realmente esse Outro que ele busca combater, e não um simulacro desse Outro.

Funcionamento do sistema de coerções semânticas nos vários planos discursivos

Como falamos anteriormente, o sistema de restrições semânticas confere aos discursos um conjunto de traços que abrangem todos os planos discursivos – (i) a intertextualidade, (ii) o vocabulário, (iii) os temas, (iv) o estatuto do enunciador e do coenunciador, (v) a dêixis enunciativa, (vi) o modo de enunciação e (vii) o modo de coesão. Para ilustrar o funcionamento desse princípio nas duas formações discursivas, Maingueneau privilegia ora o discurso humanista devoto, ora o jansenista; fazendo isso, todo o comentário sobre um desses discursos, em decorrência do primado da interdiscursividade, incidirá "obliquamente" sobre o outro. Vejamos cada uma dessas instâncias, começando pela *intertextualidade.*

Enquanto a interdiscursividade é constitutiva e, portanto, nem sempre deixa marcas na materialidade linguística, a *intertextualidade* – isto é, os tipos de relações intertextuais definidas como legítimas pelas coerções semânticas de um determinado campo discursivo – deixa seus rastros por meio do *intertexto*, entendido como o conjunto de fragmentos efetivamente citados por um discurso. Todo campo define uma certa maneira de citar os discursos anteriores de seu próprio campo, isto é, cada discurso constrói para si um passado específico, atribuindo-se certas filiações e recusando outras. Os discursos em análise, como ambos são católicos, compartilham do mesmo campo, o religioso, mas não têm, por exemplo, a mesma concepção da autoridade da Tradição, então, cada um deles vai citar trechos, autores, que estão em acordo com sua competência discursiva. Ambos precisam referir-se a Cristo, mas cada um o faz a sua maneira: os jansenistas, por causa do princípio da "Concentração", sobre um Ponto-de-Origem citam os textos mais próximos no tempo à pessoa de Cristo; já os humanistas devotos citam trechos em que Cristo está convivendo em uma relação hierárquica com pessoas do povo. A esse trabalho da memória discursiva no interior de um dado campo, Maingueneau denomina *intertextualidade interna.*

Além de definir relações dentro de seu campo, um discurso define também certa relação com outros campos, passíveis ou não de serem citados. Tem-se, então, a *intertextualidade externa*. Os discursos humanistas devotos citam com frequência os textos dos naturalistas, porque a Natureza, para eles, constitui a "Ordem", na qual as obras de devoção devem se inspirar; já os jansenistas, que postulam uma /Alteridade/ absoluta entre os registros divino e mundano, rejeitam como /Mistura/ ímpia toda "Ordem" que associe esse registro, portanto, só admitem como citável o *corpus* cristão.

Segundo o mesmo princípio de coerções semânticas, não há sentido em falar em *vocabulário* de tal ou qual discurso como se houvesse um léxico específico, mas sim em sentidos diferentes atribuídos a um mesmo item lexical por discursos diferentes, dependendo do posicionamento discursivo. A palavra em si não constitui, portanto, uma unidade de análise pertinente, ela pode ser explorada contraditoriamente por diferentes discursos. Determinados itens lexicais, *doce*, por exemplo, podem constituir a palavra-chave, um ponto de cristalização semântica, de determinado discurso, no caso, o humanista devoto. Embora não pertença ao seu vocabulário obrigatório, o sistema de coerções justifica o estatuto privilegiado atribuído a esse item lexical. A análise de sua polissemia mostra a ação do conjunto de semas /Moderação/, /Ritmo/, /Plasticidade/. Além disso, grande parte dos efeitos de sentido de *doce* indica uma abertura para o exterior, uma disponibilidade para a troca, portanto, em consonância com os constituintes de "Ordens" de sociabilidade, no sentido amplo do termo. Essa relação entre área de significação linguística de um termo e o sistema de coerções de um discurso explica que os humanistas devotos tenham pensado sua própria enunciação como "discurso manso" e a de seus adversários como "discurso duro". "Além de seu estrito valor semântico, as palavras tendem a adquirir o estatuto de 'signos de pertencimento'" (Maingueneau, 1984/2008: 81).

À semelhança do que ocorre com o vocabulário, não há interesse em estudar os temas[7] de um discurso isoladamente ou em estabelecer uma hierarquia entre eles, porque a ação do sistema de coerções semânticas é perceptível em qualquer ponto do texto. À semelhança do vocabulário, a especificidade de um discurso se define não por seus *temas*, mas por sua formação discursiva. Quando se trata, como aqui, de dois discursos antagonistas, embora não partilhem o mesmo tema, eles têm vários pressupostos comuns, que lhes permitem divergir no interior de um mesmo campo, porque ambos fazem parte de um mesmo universo aceito *a priori*. Considerando a complexidade de dar um tratamento ao *tema*, Maingueneau propõe a relação entre quatro proposições. No espaço discursivo, (1) um discurso *integra semanticamente todos os seus temas*, o que significa dizer que eles estão todos de acordo com seu sistema de coerções; (2) esses *temas* se dividem em dois subconjuntos: os temas *impostos* e os temas *específicos*; os primeiros dividem-se em *temas compatíveis* (aqueles que convergem com o sistema de coerções semânticas do discurso) e *incompatíveis* (os que não convergem com o referido sistema, mas que, ainda assim, estão integrados em virtude da proposição 1); os temas *específicos* são próprios a um discurso, portanto, sua presença se explica por uma relação semântica privilegiada com o seu sistema de coerções.

O estatuto da mediação da Virgem Maria é um tema *imposto* aos dois discursos porque faz parte do dogma católico, *compatível* com o discurso humanista devoto, mas *incompatível* com o jansenismo. A compatibilidade em relação ao primeiro deve-se à importância atribuída à Virgem Maria: ela pertence à mesma ordem terrestre e celestial, não há ruptura entre elas. Já o discurso jansenista baseia-se na rejeição de qualquer mistura entre natural e sobrenatural, mas como se trata de um tema imposto, é obrigado a integrá-lo, de alguma forma, e o faz recorrendo ao estereótipo da "humildade" da Virgem. Ela não aparece como mediadora, mas como pertencente sucessivamente aos dois universos, o humano e o divino, o que permite preservar a estabilidade do sistema de coerções do jansenismo. Enquanto o estatuto da mediação da Virgem Maria é imposto aos dois discursos, a necessidade de permanecer em silêncio é tema específico do discurso jansenista. Há um laço semântico privilegiado desse *tema* com o princípio da "*Concentração*". O silêncio é "*Concentração*" (retirar-se, fechar-se; viver isoladamente como o faziam em Port-Royal), enquanto a fala, por antagonismo, é lida como associada à /Expansão/ (maléfica), à /Exterioridade/, à /Pluralidade/, isto é, ao registro do mundo pecador, isto é, dos humanistas devotos.

Também o *estatuto do enunciador e do coenunciador*[8] depende da competência discursiva: cada discurso, de acordo com a competência (inter) discursiva, define o estatuto que o enunciador deve se conferir e o estatuto que ele confere a seu coenunciador para legitimar seu dizer. Esse processo tem duas dimensões, uma institucional e outra intertextual. O enunciador do discurso humanista devoto se vê, institucionalmente, integrado a uma "Ordem": é membro (por exemplo, é um padre ou um bispo) de uma comunidade religiosa reconhecida e dirige-se a seus coenunciadores também inscritos em "Ordens" socialmente bem caracterizadas (pais de família, magistrados, donas de casa, etc.). Esse discurso supõe um enunciador culto, capaz de tecer relações com múltiplas fontes de saber: um verdadeiro humanista. Já o *enunciador* do discurso jansenista é frequentemente anônimo e não se atribui nenhuma inscrição social. É apenas um cristão (no máximo um padre) que se dirige a almas consideradas como tais. Esse enunciador tem por objetivo tornar seus coenunciadores /Idênticos/ a Deus e, para isso, ele se apaga a si mesmo diante desse Enunciador único com legitimidade para dizer *eu*. Lembremos que, em matéria de intertextualidade, o procedimento é o mesmo: suas fontes de saber já não são vastas como a dos humanistas devotos; pelo contrário, são contidas por uma /Restrição/ a algumas obras estritamente religiosas e, algumas vezes, apenas à Escritura.

Cada discurso constrói, também de acordo com suas coerções semânticas, uma *dêixis enunciativa* espaçotemporal. Não se trata de uma dêixis empírica (conjunto de localizações no espaço e no tempo que um ato de enunciação apresenta devido aos embreantes), isto é, data e local em que os textos foram produzidos, mas do estatuto discursivo dos enunciadores. A dêixis a partir da qual os dois discursos enunciam não é a França do século XVII. Os jansenistas "falavam", isto é, instituíram seu tempo e seu espaço, a partir da Igreja primitiva, a mais próxima possível das origens, com a qual a comunidade de Port-Royal se identificava: Jerusalém, cidade-mosteiro, "Concentração" ideal em uma /Unidade/-/Fechamento/ de uma cidade-mosteiro. A enunciação jansenista coincide com a Pontualidade original, a não /Mistura/ (a grande Pureza), a /Restrição/ (poucas casas, pequeno número de almas). Pela competência interdiscursiva, depreende-se a dêixis dos humanistas devotos: dupla "Expansão" espacial e quantitativa (estender-se para abrigar todos os seres humanos). Tanto o enunciador como o coenunciador, mencionados no item anterior, quanto a *dêixis* em sua dupla modalidade, *espacial* e *temporal*, são vistos, hoje, por Maingueneau no quadro de uma *cenografia enunciativa*, que abriga os coenunciadores do discurso, uma *topografia* e uma *cronografia*, respectivamente. A *cenografia* refere-se ao texto concreto no qual um gênero se realiza (por exemplo, uma propaganda eleitoral pode assumir a forma de uma carta). Essa cenografia "define uma instância de enunciação legítima que o discurso constrói para autorizar sua própria enunciação" (Maingueneau, 1984/2008: 89).

O discurso se caracteriza também por uma "maneira de dizer" específica, um *modo de enunciação*. O humanismo devoto, que tem por objetivo integrar enunciador e coenunciador em uma mesma "Ordem" de sociabilidade ideal, apresenta-se como um processo de adaptação às pessoas e às circunstâncias. Os gêneros discursivos aos quais recorrem são predominantemente as conversações, os diálogos fictícios, os quais são dotados de um certo "tom",[9] uma "vocalidade",[10] um modo de dizer tranquilo, cadenciado, diversificado e flexível, uma elocução "doce" de uma grande sociabilidade. Trata-se de uma voz /Moderada/, com /Ritmo/, /Diversa/ e de grande /Plasticidade/. Esse "tom" se apoia sobre uma dupla figura do enunciador, a de um *caráter*, conjunto de características "psicológicas, disposições mentais", e de uma *corporalidade* – "uma maneira de se movimentar no espaço social". Ambos intimamente associados. Em se tratando do humanismo devoto, o enunciador caracteriza-se por sua "afabilidade, disponibilidade, jovialidade, etc. que se cristaliza em uma doçura exemplar" (Maingueneau, 1984/2008: 37). E impõe uma "corporalidade" que os textos, seguindo a grade "humoral" da medicina da época, caracterizam como sanguíneo, em oposição ao humor "melancólico". Tom, caráter e corporalidade provêm de um conjunto difuso de representações sociais valorizadas ou desvalorizadas sobre as quais se apoia a enunciação.

Para evocar a imbricação do discurso com o seu modo de enunciação, Maingueneau introduz a noção de incorporação: (i) o discurso, por meio de seu corpo textual, faz o enunciador encarnar-se, dá-lhe corpo; (ii) o coenunciador é levado a incorporar, assimilar, um conjunto de esquemas que definem uma forma concreta e específica de se inscrever no mundo e de entrar em relação com os outros; (iii) essas duas primeiras incorporações asseguram a incorporação da comunidade imaginária dos que aderem a um mesmo discurso. Segundo essa perspectiva, "o coenunciador não é somente um consumidor de ideias: ele acede a uma 'maneira de ser' por meio de uma 'maneira de dizer'" (Maingueneau, 1984/2008: 94). Assim, ponto importante a ser destacado, o sentido propiciado pelo discurso impõe-se tanto pelo *éthos* como pelas "ideias" que transmite; essas ideias se apresentam por uma *maneira de dizer* que remete a uma *maneira de ser.*[11]

Finalmente, o *modo de coesão* tem a ver com a *intradiscursividade*, com o modo pelo qual um discurso constrói suas remissões internas, o que remete à teoria da anáfora discursiva e recobre fenômenos muito diversos, entre eles o *recorte discursivo*, que atravessa as divisões em gêneros constituídos, e os *encadeamentos*, que ocorrem em um nível mais superficial. O *recorte discursivo* que caracteriza o discurso jansenista é o fragmento: máximas, ensaios, citações, isto é, reflexões fundadas solitariamente em Deus. Esse procedimento tem a ver com coerções semânticas que privilegiam a descontinuidade, a interioridade, o fechamento. A "Concentração" do menor escrito, produzido na /Interioridade/ silenciosa de uma alma /Idêntica/ a Deus, /Estável/ como ele. O discurso humanista devoto, ao contrário, seguindo o princípio de "Ordem", constrói seu percurso desenhando a figura de um cosmos no qual a hierarquia é mantida. Aqui a relação não se estabelece com fragmentos, mas com grandes livros de devoção, tomos inteiros de teologia. Também seu procedimento tem a ver com as coerções semânticas: a vã /Extensão/, a exterioridade de grandes livros, de autores prolixos, na leitura negativa feita pelos jansenistas.

Do *modo de coesão* resulta também o modo de *encadeamento*. Cada discurso, a partir de suas coerções, tem um modo próprio de construir seus parágrafos, seus capítulos, sua forma de argumentar, de passar de um tema a outro. O discurso jansenista, por exemplo, está submetido a uma dupla pressão, circunscrita por dois semas, /Similaridade/ e /Necessidade/. De um lado, a repetição da Escritura e da Tradição (cópia, paráfrase, comentário); de outro, deduções, a partir desse *corpus* autorizado.

Prática discursiva

O sistema de coerções, além de operar sobre os planos do discurso, insere também o discurso na rede institucional de um "grupo", aquele que a enunciação discursiva supõe e torna possível. Dito de outro modo, o discurso, ao ser enunciado, instaura o quadro institucional ao qual está vinculado, ao mesmo tempo em que é autorizado por esse quadro. A imbricação de um discurso e de uma instituição não é uma ideia nova, conforme lembra o próprio Maingueneau, citando outros autores que compartilham o mesmo princípio. Seu modo de fazer, nós o dizemos, é, no entanto, bastante original: articula discurso e instituição por meio de um sistema de coerções semânticas: "as instituições estão submetidas ao mesmo processo de estruturação do discurso propriamente dito" (Maingueneau, 1984/2008: 122). Consequentemente, a "passagem de um discurso a outro é acompanhada de uma mudança na estrutura e no funcionamento dos grupos que gerem esse discurso" (p. 119).

Tomando como exemplo o humanismo devoto, o autor vai desvelando as características de uma das ordens regulares, a dos jesuítas, descrita como uma /Abundância/ de "Ordens" muito /Diversas/, espalhadas por todos os lugares, /Hierarquizadas/ e cujo objetivo consistia em reunir a /Maioria/ dos fiéis, sem estabelecer qualquer /Ruptura/ entre leigos e religiosos. Tal processo de organização constitui uma das características da Contrarreforma católica, época em que se desenvolveram várias ordens e congregações religiosas, seminários, colégios, etc., destinados aos leigos que se reuniam segundo determinados critérios, entre eles idade, profissão, classe social.

Dizer que tais organizações devem ser vistas segundo os princípios da semântica global implica associá-las ao modo de enunciação que regula as relações no interior das "Ordens" religiosas e à prática de comunicação textual. Assim, os semas /Plasticidade/ /Moderação/ /Ritmo/ /Flexão/ manifestam-se no funcionamento dos colégios jesuítas: o tom dos professores deve ser bem-humorado, flexível, doce, tom esse que se manifesta não só como realidade textual, mas também como modelo de interação no interior das comunidades. O discurso "doce" dos jesuítas apresenta-se como manifestação de uma convergência entre "o conteúdo de uma pedagogia e o funcionamento institucional no qual tal pedagogia é parte interessada" (Maingueneau, 1984/2008: 125).

O modo de entendimento de tais instituições, as chamadas *comunidades discursivas*, não deve ser visto de forma excessivamente restritiva: elas não remetem unicamente aos grupos (instituições e relações entre agentes), mas também a tudo que esses grupos implicam no plano da organização material e modos de vida. A comunidade discursiva é pensada como grupos inscritos na mesma formação discursiva e em um determinado campo, os quais produzem e administram um certo tipo de discurso. Essa noção pressupõe que as instituições produtoras de um discurso não são "mediadoras" transparentes. Os modos de organização dos homens e de seus discursos são inseparáveis: a enunciação de uma formação discursiva supõe e torna ao mesmo tempo possível o grupo que lhe está associado.

A possibilidade da junção do discurso e das instituições que produzem e fazem circular seus enunciados se dá a ver observando-se (i) o *modo de coexistência* dos textos em um dado discurso – "o esquema de uma espécie de 'biblioteca' interior, que se pode imediatamente transformar numa biblioteca efetiva" (Maingueneau, 1984/2008: 128-129) –, (ii) a *vocação enunciativa* de seus enunciadores e coenunciadores, (iii) os *ritos genéticos* – isto é, as atividades por meio dos quais elaboram um texto – e as redes de difusão e o modo de consumo que caracterizam os dois discursos.

Fazendo um paralelo entre a biblioteca dos humanistas devotos e a dos jansenistas, pode-se mostrar que as instituições aparecem submetidas ao mesmo processo de estruturação do discurso propriamente dito. A primeira dispõe de um enorme e diversificado conjunto de documentos e deve conter, ao lado dos textos da Tradição e da Escritura, obras da Antiguidade greco-latina, tratados de cosmologia e os "livros-bibliotecas canônicos", isto é, "que definem um cânone procedendo a uma ordenação crítica" (Maingueneau, 1984/2008: 129). A biblioteca jansenista, por sua vez, cuja preocupação está centrada em Cristo, vai em busca de uma aproximação com o *corpus* da Igreja, universo textual restrito, fechado, estável e homogêneo, cuja dispersão espaçotemporal se concentra na pontualidade de um único autor, o Espírito Santo. O sistema de coerções permite prever o pertencimento de cada texto a um discurso, reafirmação dos "contornos do espaço do citável que a biblioteca atualiza, '*thesaurus* dos enunciados válidos'" (p. 130). Portanto, a passagem de um discurso a outro não se explica por uma simples mudança de conteúdo; antes, "define estatutos enunciativos específicos, que não dissociam conteúdo e enunciação de textos" (p. 130).

A biblioteca funciona também como fator de *qualificação* dos enunciadores pertencentes a determinada formação discursiva. A posição do enunciador diante das fontes de informação resulta de "um processo de 'interpelação' pelo discurso, isto é, o discurso 'filtra' a aparição, no campo da palavra, de um grupo enunciativo distinto" (Maingueneau, 1984/2008: 130). Há, portanto, condições, por parte de uma formação discursiva, para que um sujeito nela se inscreva ou seja chamado a nela se inscrever. Trata-se, nas palavras de Maingueneau, de uma *vocação enunciativa* que se caracteriza por um ajustamento "espontâneo" dos sujeitos às condições exigidas. Nesse processo, a autocensura leva a se "excluírem aqueles que não têm seja as qualificações exigidas ou a possibilidade de dotar-se delas" (Maingueneau, 1984/2008: 130).

A *vocação enunciativa* do humanismo devoto concerne a indivíduos membros de uma ordem regular que tenham tido uma formação humanista e que exercem responsabilidades como pregadores, pedagogos, etc.; é entre essa população que se encontrarão as pessoas "chamadas" a produzir textos devotos. Já o discurso jansenista é correlativo a uma *vocação enunciativa* diferente: os indivíduos precisam ter um conhecimento grande da Escritura e dos Padres da Igreja, associado a um modo de vida "recolhido", sério, exigido pela discursividade jansenista. Definem-se, assim, as condições de legitimidade do dizer.[12]

Recorrendo à metáfora do curso de um rio, Maingueneau mostra que a maneira pela qual um texto é produzido, nascente, e a maneira pela qual é *consumido*, foz, estão intimamente ligadas. Em se tratando do rio acima, pode-se falar dos *ritos genéticos*, isto é, atividades mais ou menos rotineiras através das quais se elabora um texto. Essa noção é mais ampla que a de pré-texto: além de rascunhos, documentos escritos, inclui também comportamentos não escriturísticos, viagens, meditações, etc. (Maingueneau, 1984/2008: 132), todo o conjunto de atos realizados por um sujeito em vista de produzir um enunciado. Em certos gêneros do discurso, as etapas de tal elaboração são objeto de normas mais rígidas; em outros, mais flexíveis. Mas, seja como for, um gênero do discurso restringe "acima" seu modo de elaboração, assim como restringe "abaixo" seu modo de circulação e difusão. Também em relação aos *ritos genéticos* os discursos humanistas devotos e jansenistas se opõem: os primeiros contemplam as maravilhas da natureza, dos homens, leem bons autores, tentam redigir períodos bem cadenciados, enquanto os jansenistas, para os quais se impõe o silêncio, a meditação, a leitura restringe-se a um número pequeno de textos essenciais; o rigor do estilo não os preocupa. Essas reflexões apontam para práticas conexas aos respectivos sistemas de coerções semânticas.

A rede institucional desenha também o rio abaixo, *uma rede de difusão* relacionada ao *modo de consumo* do discurso, isto é, "o que se 'faz' dos textos, como eles são lidos, manipulados..." (Maingueneau, 1984/2008: 134). Assim, as características de uma publicação são indissociáveis do estatuto semântico que o discurso se atribui. "Pode-se predizer que a passagem de um discurso a um outro, que é seu antagonista, supõe também uma modificação no modo de consumo" (p. 134), isto é, trata-se aqui de determinar o tipo de consumo que o próprio discurso institui por meio de seu universo semântico. O modo de consumo dos discursos jansenistas exige uma leitura solitária, um afastamento para rezar e meditar; trata-se de um modo de consumir que provém diretamente de textos baseados em fragmentos autossuficientes de uma voz anônima e, por isso, destinados a levar à interioridade da alma.

Propondo, então, como vimos, a discursividade como integração de todos os planos, Maingueneau remodela a noção de discurso, não mais restringindo-a à textualidade, mas deslocando-a a fim de "fazer aparecer uma imbricação semântica irredutível entre aspectos textuais e não textuais" (Maingueneau, 1984/2008: 136). Daqui por diante, portanto, o autor não tem mais como objeto o *discurso*, mas a *prática discursiva*, conceito ao qual recorre quando se trata de apreender uma formação discursiva como inseparável das *comunidades discursivas* que a produzem.

Prática intersemiótica

O sistema de coerções abrange também os vários suportes semióticos: "o pertencimento a uma mesma prática discursiva de objetos de domínios intersemióticos diferentes exprime-se em termos de conformidade a um mesmo sistema de coerções semânticas" (Maingueneau, 1984/2008: 138). Assim é que o primeiro passo a ser dado, em profunda coerência com o que se propõe, é a redefinição da noção de *texto*, que passará a remeter aos "diversos tipos de produções semióticas que pertencem a uma prática discursiva" (p. 139), sendo reservado o termo *enunciado* para os textos linguísticos. O modo de coexistência das diferentes atualizações possíveis de textos: a convivência de dois domínios (pintura e música, por exemplo, ou literatura e escultura) é definida no interior de uma formação discursiva, lugar onde se assiste tanto a "associações preferenciais" como a impossibilidades de associação.

Para dar concretude à proposta de uma prática intersemiótica, o autor recorre, a título de ilustração, à análise de dois quadros que representariam a discursividade jansenista e a discursividade do humanismo devoto: respectivamente, "Ceia de Emaús", obra de autoria duvidosa mas pertencente, sem dúvida, à escola de Philippe de Champaigne, um leigo jansenista, e "Peregrinos de Emaús", quadro de Ticiano que teria servido de inspiração ao primeiro.[13]

Figura 1

As pinturas sofrem as mesmas coerções dos enunciados verbais. Ambos os quadros representam uma refeição ao ar livre, com mesa posta, arquitetura que recobre uma metade do fundo, enquanto na outra metade figura uma paisagem; representação da figura de serviçais, presença de Cristo (quase de frente) e de discípulos (de perfil), distribuídos um de cada lado de Cristo.

Para além das semelhanças, eis algumas das diferenças que obedecem a grade semântica dos dois modelos: (i) dimensões de cada obra: o quadro de Ticiano, humanismo devoto, é um vasto retângulo, diferentemente da pintura jansenista, mais concentrada; (ii) distribuição dos olhares dos personagens: olhares que respeitam uma hierarquia social e teológica no quadro do humanismo devoto; na pintura jansenista, olhares que se voltam todos para um único ponto concentrado, representado pela hóstia; (iii) natureza do desenho traçado pelas linhas de cada obra: cruzamento de linhas horizontais e verticais da pintura do humanismo devoto, como o atestam a horizontalidade da linha do muro e a verticalidade dos pés da mesa e dos três retângulos da arquitetura do fundo do quadro, contribuindo para manter a Ordem hierárquica de três regiões bem distintas (os animais sob a mesa, o universo humano da refeição e a esfera celestial na parte superior), representando a coluna em cuja base se encontra a cabeça de Cristo, o traço de união entre o terrestre e o celestial em oposição à circularidade reiterada no quadro jansenista, onde personagens encontram-se sentadas em torno de uma mesa circular, com a presença de objetos circulares (travessa sobre a mesa, pratos, maçãs sobre a mesa) e de um círculo luminoso sobre a cabeça do Cristo; (iv) distribuição de cores e sombras: nuanças de claro/escuro se distribuem por todo o quadro do humanismo devoto, estando a luz predominantemente associada à figura de Cristo na pintura jansenista; (v) inscrição social: a diversidade do texto-fonte – nos trajes, nos detalhes que reproduzem um espaço familiar de sociabilidade, na proliferação de objetos, incluindo-se aí os escudos afixados à parede – se reduz no quadro jansenista, o que vem ratificar o sistema semântico jansenista, no interior do qual a pintura só tem lugar como retrato pedagógico da história religiosa, sendo então valorizada a busca da "pura espiritualidade", o que é bastante diferente de uma pintura que valorizaria as "realidades sensíveis" mundanas.

Uma abordagem como essa tem um duplo objetivo: por um lado, investigar até que ponto é possível produzir "critérios eficazes de pertencimento a uma prática discursiva" (Maingueneau, 1984/2008: 144); por outro, avaliar o "processo de tradução do Outro nas categorias do Mesmo", conforme prevê a noção de *interincompreensão*. Concluímos com o autor que, se uma abordagem como essa pode não permitir prever com exatidão matemática que tal obra se inclua em tal ou qual prática discursiva, ela pode pelo menos garantir uma coerção significativa dos critérios de pertencimento de uma obra a um determinado sistema semântico.

Considerações finais

A proposta de uma semântica global, nos moldes expostos por Maingueneau, vem buscar um modo de articulação entre um dado conjunto de coerções que, por definição, engloba os diversos planos de um discurso, e uma conjuntura histórica – articulação que permitirá ressignificar, nesse sentido, qualquer superfície discursiva que participe do referido sistema de coerções. Essa proposta fica clara quando do comentário acerca da reedição de textos em tempo e espaço distanciados dos que originalmente presidiram à edição de origem. Foi o que ocorreu com várias obras do humanismo devoto no século XIX, apenas modificadas em alguns de seus títulos e nos planos da sintaxe e do vocabulário. Se tal reedição foi possível, é porque havia a possibilidade de alguma ressonância entre os referidos textos e a realidade social de então; a ideia de "Ordem", por exemplo, foi bastante oportuna em meio à desordem social da época. Em tais casos, ainda que o texto seja republicado na íntegra, não se pode dizer que tenha havido uma reedição do mesmo discurso, uma vez que um discurso sempre se confunde com a sua emergência histórica, o espaço discursivo no interior do qual se constituiu, as instituições por meio das quais se desenvolveu, os isomorfismos em cuja rede ele foi envolvido: "constituir a discursividade em objeto é supor que, em qualquer circunstância não é possível dizer não importa o quê, não importa como e não importa em qual lugar, e que essas coordenadas definem uma identidade enunciativa." (Maingueneau, 1984/2008: 177)

Notas

1 Este texto recupera partes de "Por que ler *Gênese dos discursos?*" (Souza-e-Silva e Rocha, 2009).

2 O "Outro", com maiúscula, indica posicionamento discursivo; não coincide, portanto, com seu homônimo lacaniano.

3 Essas escolas formaram homens eminentes como Racine. E Port-Royal deixou legados importantes, como a Gramática de Port-Royal e a Lógica de Port-Royal.

4 A contínua perseguição da Igreja Católica a formas distintas de pensar que não as suas e a recusa dos jansenistas em se submeter à condenação pelo papa das proposições de Jansenius levaram, sucessivamente, ao fechamento das pequenas escolas, à privação dos sacramentos aos jansenistas, à dispersão, à exumação

dos corpos e, finalmente, à destruição das edificações. O jansenismo tornou-se forte novamente no século XVIII até que uma bula papal o condenou; no entanto, alguns adeptos ainda se manifestaram, até o início do século XIX.

[5] Segue-se toda uma argumentação por meio da qual Maingueneau justifica sua posição, mostrando seu afastamento em relação à noção de competência linguística e aos postulados de Chomsky, os quais são incompatíveis com uma teoria do discurso, como a proposta por ele, que, já o sabemos, articula língua e história.

[6] O recorte que fiz para este texto não me possibilita desenvolver este princípio, bastante produtivo e sobre o qual há muito a falar.

[7] A noção de *tema* é tomada aqui em sentido amplo, isto é, aquilo de que um discurso trata.

[8] Em francês, Maingueneau distingue *co-enunciador* (com hífen, para designar o interlocutor) e *coenunciadores* (sem hífen, no plural, para indicar o par enunciador + co-enunciador). Em português, seguindo as novas regras ortográficas, suprimimos o hífen em co-enunciadores, acreditando que o contexto esclarecerá eventuais dúvidas.

[9] Essa reflexão leva em conta comentários de Bakhtin e de Meschonnia.

[10] Os textos, mesmos os escritos, também têm uma "vocalidade", um tom, diferentemente do *éthos* retórico, voltado apenas para a oralidade.

[11] Tal proposta, à semelhança da vocalidade no escrito, também afasta a noção de *éthos* de "um dispositivo retórico, segundo o qual o autor 'escolheria' o procedimento mais adequado *ao que ele 'quer dizer'*" (Maingueneau, 1984/2008: 93).

[12] Condições essas já vislumbradas por outros autores, entre os quais Bourdieu e Foucault, este último quando faz considerações acerca do discurso médico.

[13] Ambos os quadros recuperam relato de São Lucas: dois discípulos, após a morte de Jesus, seguiam pelo caminho de Jerusalém a Emaús. Um forasteiro, o próprio Cristo (que, no entanto, não foi reconhecido), aproximou-se e percorreu com eles o trajeto. Chegando a Emaús, convidaram-no a cear. Durante a ceia, quando o forasteiro benzeu o pão, os dois discípulos reconheceram nele o próprio Cristo.

Bibliografia

MAINGUENEAU, D. *Gênese dos discursos*. Trad. S. Possenti. São Paulo: Parábola Editorial, 2008 (*Genèses du discours*. Paris: Pierre Mardaga, 1984).

_______. (org.) Les analyses du discours en France. *Langages*, n. 117. Paris, Larousse, mars. 1995.

POSSENTI, S. *Questões para analistas do discurso*. São Paulo: Parábola, 2009.

SOUZA-E-SILVA, M. C. P; ROCHA, D. Resenha Por que ler *Gênese dos discursos*? Livro de Dominique Maingueneau. *ReVEL*, vol. 7, n. 13, 2009. Disponível em: <www.revel.inf.br>. Acesso em: 04 jan. 2012.

V – DISCURSO, FICÇÃO, REALIDADE

A construção do "real" e do "ficcional"

Maria Aparecida Baccega

Nossos estudos sobre a Análise do Discurso (AD) se deram desde o início dos anos de 1970. Tudo começou com Eni Orlandi, que foi professora na Faculdade de Letras-USP, da qual eu era aluna. Só no início da década de 1980 comecei a juntar AD com a área de Comunicação.

Isso porque, no campo da Comunicação, também trabalhamos a partir de uma convergência de saberes, entre os quais destacamos uma área que será a porta de entrada, é o que vai iluminar primeiramente, mas não é o lugar onde vamos permanecer. A dinâmica dos estudos de Comunicação passa por várias outras áreas.

Temos tratado da temática – ficção e realidade – ao longo dos últimos anos. Parte dela encontra-se em *Palavra e discurso* (2007) ou em *Comunicação e linguagem* (1998), por tratar-se de temática que perseguimos no doutorado e na livre-docência. Trabalhamos com literatura angolana e queríamos procurar as relações ficção e realidade na literatura angolana, ampliando o campo para as relações com a Comunicação. O que se procurava, e na verdade se continua pretendendo, pois o assunto não se esgota, é tratar da relação entre ficção e realidade, entre literatura e História. Atualmente, entre mídia e realidade.

Para começar uma jornada do que pode ser um desenho mais acabado do tema, partimos do discurso da Comunicação. Ele é eivado de ficção e de realidade. A telenovela tem realidade e o jornal tem ficção, às vezes a telenovela tem mais realidade que o telejornal. Essa é uma discussão política importante, mas não é o objetivo deste capítulo.

Todas estas reflexões partem da questão da linguagem, sobretudo a linguagem verbal, tratada do ponto de vista da Sociologia, da Filosofia, da História, entre outras, que estão presentes na linguagem e que constituem o campo da Comunicação.

Como sabemos, a linguagem constitui o humano e o sentido se institui no social, na narrativa; se não houver narrativa, a palavra não terá sentido, pois ela não "vive" sozinha. O sentido aparece no seio da narrativa, em confronto ou complementação com os elementos do narrado, o que, por sua vez, vem carregando a história no seu interdiscurso.

Nas narrativas manifestam-se a polissemia e a dialogia dos signos verbais e não verbais, tanto no eixo sincrônico como no diacrônico. Aqui são envolvidos vários temas: o discurso do ontem presente na cultura residual (expressão de Raymond Williams), a práxis da sociedade, a flexibilidade que intermedeia o signo e seu objeto, o interdiscurso, a questão da historicidade e de como o signo carrega a história, etc.

Adam Schaff (1973) nos diz que a palavra é uma prática social solidificada, ou seja, ela carrega a práxis da sociedade, a qual foi reescrevendo continuamente o sentido daquela palavra. Quando esse signo entra na narrativa, ele já entra portando a sociedade na qual ele está, portando o que aconteceu ontem, o discurso do outro, a práxis dessa sociedade, isto é, as relações teóricas e práticas que estão presentes na sociedade naquele momento, como resultado de um longo processo e o vislumbre do futuro em construção. Nessa conjunção se constitui o sentido.

Variados discursos interpelam o sujeito no cotidiano, oprimem e libertam, modelam comportamentos, atuam no sentido da mudança ou da permanência. O discurso não é estritamente só isto ou aquilo. Pode-se dizer que ele é predominantemente algo, mas não que ele tem só um aspecto. Daí a luta permanente para a instituição dos sentidos.

Os domínios conformam-se, manifestam-se através do discurso; cada discurso relaciona-se a outro, cada domínio relaciona-se ao outro. Qual a manifestação que temos, seja das artes, da comunicação ou de qualquer outro domínio de que se queira falar? A concretude da linguagem. A costura de tais relações é realizada pela linguagem verbal. O sentido social só existe quando é concretizado na prática, quando é exteriorizado, quando é materializado, caso contrário se esfumaça.

Como dissemos, cada domínio relaciona-se aos demais e isto é outra questão extremamente importante. O domínio da literatura se relaciona com o domínio do jurídico e este com o domínio das artes, e este com outros. O campo semântico do signo vai se recompondo, acrescentando semas ou subtraindo outros, mas sempre carregando consigo alguns semas que têm fôlego para percorrer os domínios. O que tem acontecido, e isto supõe um dos grandes problemas da contemporaneidade, é que se toma um domínio separadamente, aprofunda-se e estuda-se, faz-se sua "análise", sua "crítica", fixando-se só em alguma parte da totalidade. É o que temos chamado de informação, isto não é conhecimento. O conhecimento prevê a capacidade de inter-relação dos domínios, inter-relação entre os dados, tendo como pano de fundo a totalidade daquela sociedade naquele momento histórico. De outro modo, ficamos apenas com os dados.

Vejamos um exemplo: "Morreram mais duas pessoas no Rio de Janeiro, ontem". Há um axioma criado recentemente: todo sujeito, ainda que não traficante, leva essa designação depois de morto com violência. Logo, fica estabelecido que mais dois traficantes morreram. E o que isso significa para a sociedade? Para uns, "Ah, que horror! Mais duas pessoas morreram violentamente, coitadinhas!"; para outros: "Olha a polícia, que horror!"; ou ainda: "Ah, mas também... esta gente". Isso não é conhecimento, é um dado, uma informação. E a informação é boa para "preencher" a nossa cabeça, satisfazer-nos e nos levar a não ter outra preocupação a não ser a daqueles dados (*Folha de S.Paulo,* 22/03/2011). Dados e mais dados. Sem o conhecimento, que é o pai e a mãe da criticidade, continuamos sempre no mesmo lugar.

Não há signos que se destinem só a um domínio. Vamos falar principalmente do domínio da História e da literatura, e literatura aqui no sentido de ficcional. Temos o domínio da História, da literatura e da Comunicação, o qual, consideramos, resulta dos outros dois. Não existem palavras e signos que sejam destinados a cada um deles isoladamente. A palavra "casa" pode ser encontrada no universo da literatura, da Comunicação ou da História, ou seja, não há signos específicos. Caso contrário, não conseguiríamos nos comunicar, devido ao seu grande número. Em cada domínio, o signo assumirá o sentido adequado a ele. E o sentido que ele assume traz os traços semânticos dos vários domínios, por onde ele circula.

O discurso da História, da literatura, da Comunicação e tantos outros dão sentidos próprios às mesmas palavras. Já falamos da narrativa e a resgatamos agora: quando dizemos a palavra "casa", por exemplo, que em cada um desses discursos terá um sentido diferente, também tem seu sentido reatualizado em cada narrativa, ou seja, os sentidos que lhe estarão sendo dados – no plural – serão dados pelas narrativas nas quais a palavra "casa" estiver inserida.

Os sentidos sociais, as condições de produção e as diferenças ideológicas são questões fundamentais. Queremos frisar que as condições de produção, o "lugar" do emissor na escala socioeconômica, por exemplo, marcam o sentido daquela fala. Vejamos o exemplo da palavra "greve" na boca do presidente de uma federação de industriais e na boca de um atuante presidente de sindicato de trabalhadores, em período de reivindicações. São coisas diferentes. O lugar que a pessoa ocupa na produção é importante na instituição do sentido. Sobre esse tema, vale a pena ler o texto de Marilena Chauí, chamado "Discurso Competente", no livro *Cultura e democracia* (2007).

Pêcheux nos diz:

> as palavras, expressões, proposições, etc. mudam de sentido segundo as posições sustentadas por aqueles que as empregam, o que quer dizer que elas adquirem seu sentido em referência a essas posições, isto é, em referência às formações ideológicas nas quais essas posições se inscrevem. (1988: 160)

O indivíduo/sujeito assume a palavra e ele tem maior ou menor sensibilidade para ela; assim sendo, toda palavra é uma palavra *dada*, queremos dizer, é uma palavra que está pronta. Mas ela é ao mesmo tempo uma palavra *dando-se*, ou seja, é uma palavra em construção. É uma palavra construída e uma palavra em construção. Podemos trabalhar com a palavra construída, dada, ou podemos trabalhar com a palavra em construção, isto é, ter sensibilidade para perceber efetivamente para onde está caminhando o sentido dela, sempre no diálogo social.

Evidentemente, quando falamos do sentido da palavra estamos falando do sentido da sociedade. A palavra nos oferece a possibilidade de saber para onde se está caminhando. Bakhtin faz essa afirmação no livro *Marxismo e filosofia da linguagem* (1988).

Quem primeiro nos oferece a possibilidade de conhecer as pequenas mudanças que começam a ocorrer na sociedade são as palavras. Tínhamos dito que o indivíduo/sujeito tem sensibilidade para a palavra *dando-se* ou para a palavra *dada*, seja um escritor, historiador ou comunicador. Aqui estamos preocupados com os três. Todos precisamos ter consciência da sua elaboração. Ter consciência de que a palavra *dada* e a palavra *dando-se*, que são aparentemente a mesma, são uma apropriação individual de um processo coletivo do qual aquele que está escrevendo é ator e resultado. Ela é uma palavra que vem pronta e que está se modificando, e quem vai se apropriar dessa palavra tem que ser consciente de que é ator e resultado desse processo coletivo de onde vem essa palavra, e que o produto da sua construção discursiva, aquele texto que será escrito, voltará a essa coletividade.

É preciso que aquele que escreve tenha claro que é capaz de uma decisão maior ou menor para conhecer, e que é nesse processo que reprodução e/ou mudança se configuram. Temos que ter consciência dessa relação com o social, com o coletivo, que recebemos pronta e queremos modificar. Assim como temos que ter consciência de que isso voltará para o coletivo. E ao voltar para o coletivo, voltará de que lado? Na reprodução ou na mudança? Como dissemos, nunca há só um lado, mas vai voltar predominantemente para a reprodução do que está no agora ou predominantemente para indicar caminhos de mudanças?

Discurso da História

Trataremos brevemente do discurso da História. A História é um processo no qual acontece a existência humana. A palavra *história* tem algumas ambiguidades: em primeiro lugar, ela é a práxis do ser humano, constrói-se construindo caminhos. Em segundo lugar, temos que ter condições de saber que é preciso agir conscientemente na criação desses caminhos, e que o resultado dessa prática se manifesta através de um discurso no qual se desvela ou se mascara o que está na palavra história. Ela significa, algumas vezes, a criação do passado e para esta discussão temos como referência o livro de Michel de Certeau, *A escrita da História* (2006). Porque na verdade, quando se faz a História ou se escreve a História, é sempre um sujeito no presente, com um determinado ponto de vista, com um determinado objetivo social, a partir de determinado paradigma, que vai escolher fatos do passado para juntá-los e dizer que a história foi daquele modo. É uma narrativa, portanto. Narrativa de fatos da realidade objetiva.

A História conota tanto aquilo que se diz – o discurso – como aquilo que se passou ou está se passando – o "fato". Em outras palavras, ela é tanto a ciência, construída, com suas variáveis objetivo-subjetivas, como o objeto dessa ciência, o "real". A História traz, de um lado, o "real" como resultado da análise e, por outro lado, tal resultado é seu postulado. Essas duas formas da realidade não podem ser nem eliminadas nem reduzidas uma à outra. A ciência histórica existe, precisamente, na sua relação. Ela se desenvolve em um discurso, que manifesta esta relação entre o resultado e o postulado. Para nós, em Comunicação, é fundamental saber que os discursos são construídos, que a história é construída, a história do passado, a história do presente. Ambos os discursos são construídos e têm como limite o real.

Em português a mesma palavra designa a história e a ficção (*story* para os ingleses). Para Barthes, "a estrutura narrativa elaborada no cadinho das ficções (através dos mitos e das primeiras epopeias) torna-se, a uma só vez, signo e prova da realidade" (1988: 157). Que interesse há para o estudo da História?

Estuda-se História para desvelar o passado que ainda está presente, está na cultura. É o que Raymond Williams chama de cultura residual (1979: 124). Sem esse residual não nos entenderíamos. O futuro se constrói a partir do conhecimento e crítica desse passado/presente.

Antes, só os textos escritos eram materiais para o historiador e isso praticamente até a aparição da Escola dos Annales, com Fernand Braudel, Lucien Febvre e Marc Bloch.

Considerando-se somente os textos escritos, ficariam de lado as marcas do trabalho de todas as gerações, desde o momento em que os neolíticos "humanizaram" a terra, lavrando-a, revela Febvre (1985: 17), nas décadas de 1930 e 1940, em "Profissões de fé à partida". A história vai trabalhar com textos – no sentido colocado por Hjelmslev (1978: 586), – de todos os códigos, de todos os campos semiológicos, em cujo trânsito o homem, afinal, vive. Vivemos num trânsito permanente entre os campos semiológicos, entre todos os signos existentes. Não vivemos somente ligados à escrita, por exemplo, que era o que a História pedia. Não. Se o homem vive atravessando todos os campos semiológicos, se a história quer levantar o passado, evidentemente temos que trabalhar com os documentos da História presentes em todos esses campos. Sejam um terreno lavrado, uma arma ou uma lança. É a forma de manifestar a contribuição de todos os homens, de todas as classes sociais.

Tudo isto é História e, ademais, há o silêncio (Orlandi, 1992), que se deve também contar como documento histórico. São esses textos que possibilitarão que o homem reconstrua o passado a cada geração:

> Os textos, sem dúvida, mas todos os textos e não só os documentos de arquivos em cujo favor se cria um privilégio – o privilégio de daí tirar um nome, um lugar, uma data, uma data, um nome, um lugar – todo o saber positivo, concluía ele, de um historiador indiferente ao real, mas também um poema, um quadro, um drama, documentos para nós, testemunhos de uma história viva e humana saturados de pensamento, de ação em potência. (Febvre, 1985: 24)

Se o silêncio da História não significasse, não teríamos a História da violência. Não teríamos a História da violência de Portugal nas guerras angolanas. Por que não? Porque os documentos de lá são todos de portugueses. É claro, quem os escrevia? Se a História vive só de documentos escritos, vai viver só de quem é alfabetizado, logo, os hegemônicos. Até hoje, nem todos são alfabetizados, imaginem antes.

Febvre dá novo sentido ao "ser" historiador e ao "fazer" História:

> a História faz-se com documentos escritos, sem dúvida, quando eles existem; mas ela pode fazer-se sem documentos escritos, se os não houver. Com tudo o que o engenho do historiador pode permitir-lhe utilizar para fabricar o seu mel, à falta das flores habituais. Portanto, com palavras. Com signos. Com paisagens e telhas. Com formas de cultivo e ervas daninhas. Com eclipses da Lua e cangas de bois. Com exames de pedras por geólogos e análises de espadas de metal por químicos. Numa palavra, com tudo aquilo que, pertencendo ao homem, depende do homem, serve o homem, exprime o homem, significa a presença, a atividade, os gostos e as maneiras de ser do homem. (1985: 249)

A História se faz com o homem inteiro e não com o pedaço de um homem. É com as classes sociais em movimento, em permanente disputa pela hegemonia, mas com todas elas e não só com aquela que é alfabetizada e tem condições de deixar o documento no arquivo.

Autores da Nova História, como Le Goff, por exemplo, na década de 1970, vão tratar do documento imaginário, ou seja, além dos elementos citados por Febvre e outros, procura-se interrogar também os silêncios da História.

> Por um lado, se é importante distinguir o documento "falso" do documento autêntico, também é urgente tratar o documento "falso" como um documento "verdadeiro" do período que o produziu. Sobretudo, é necessário fazer a prova do documento para reconhecer e explicar o seu caráter sempre mais ou menos "fabricado". (Le Goff, s.d.: 70)

Desse modo, o objeto das ciências históricas é constituído

> pelas ações humanas de todos os lugares e de todos os tempos, na medida em que tiveram ou ainda têm importância ou influência na existência e na estrutura de um grupo humano e, implicitamente, por meio deles, uma importância ou uma influência na existência e na estrutura da comunidade humana presente ou futura. (Goldmann, 1967: 23)

Lucien Goldmann considera que não se trata apenas de relacionar fatos históricos constituídos, mas também de constituí-los, estudando a rede de relações do período, transformando os fatos de fato "em si" em fato "para nós". Dissemos antes que os domínios se inter-relacionam e têm como pano de fundo a totalidade. Trata-se dessa questão da relação, da rede e da inter-relação.

Em geral, os alunos, ainda que se saindo muito bem num curso (desde que texto a texto, sem *percurso)*, quando chega o momento de responder a solicitação de inter-relacionamento entre o texto A e o texto B, por exemplo, não se mostram capazes. A inter-relação é algo com que não estamos habituados, mas não porque sejamos incapazes.

Não estar habituados a fazer inter-relações é uma maneira de nos deixar razoavelmente cegos diante da totalidade.

Também as classes sociais, com interesses muitas vezes opostos, se inter-relacionam, em sua luta permanente pela hegemonia. Esse movimento da sociedade é o que interessa efetivamente à História e deveria embasar o discurso do comunicador. Para tanto, o comunicador deveria ter formação bem mais ampla, no bojo da qual as tecnologias são resultados a serem usados de acordo com a crítica à sociedade de que ele é capaz.

Braudel fala em globalidade, em multidisciplinaridade: "não imaginemos que existem entre o historiador e o observador das ciências sociais as barreiras e as diferenças que antigamente existiam. Todas as ciências do homem, incluindo a história, estão contaminadas umas pelas outras. Falam ou podem falar o mesmo idioma" (1978: 28). Trata-se da questão da multidisciplinaridade, da interdisciplinaridade e da transdisciplinaridade, que são três coisas diferentes, mas que se enfeixam nessa base. Como diz Schaff,

> o historiador não parte dos fatos, mas dos materiais históricos, das fontes, no sentido mais extenso deste termo, com a ajuda dos quais constrói o que chamamos fatos históricos. Constrói-os na medida em que seleciona os materiais disponíveis em função de um certo critério de valor, como na medida em que os articula, conferindo-lhes a forma de acontecimentos históricos. Assim, a despeito das aparências e das convicções correntes, os fatos históricos não são um ponto de partida, mas um fim, um resultado. (1978: 307)

Observe-se que a realidade concreta e objetiva não deixou de existir. Tiradentes foi enforcado, sim: essa é a realidade concreta e objetiva, mas temos que inter-relacionar esse dado e isso é o que está se propondo aqui.

Quem é o sujeito historiador? Na realidade, é um homem como outro qualquer, com seus condicionamentos conscientes e inconscientes e com um ponto de vista configurado. É um pesquisador que se dedica a elaborar fatos e reconstruir o passado. Seu trabalho se inscreve no interior das disputas socioeconômicas do seu tempo e se banha na ideologia. No texto do historiador isso fica sobrelevado e se destaca. Tem no documento – vazado em qualquer linguagem – a materialização de suas buscas. Seu discurso é resultado das articulações e inter-relações e será vazado, em geral, em código verbal. E a linguagem verbal, que foi suporte da formação do historiador, é aqui suporte do resultado do seu trabalho.

Para os que se interessarem pelo assunto, há uma grande discussão que permeia as décadas de 1970 e 1980 e chega até recentemente, e da qual participam Le Goff e outros, continuadores da Escola dos Annales, nessa questão de fixação da realidade. Eles chegam a dizer que, para saber se uma narrativa pertence à História ou pertence à literatura, deve-se conhecer qual é a agregação do escritor, quem a assina, a que academia pertence, se à Academia de Letras ou à de História. Parece-nos que isso está longe da adequação conceitual.

Considerando-se que o discurso da História resulta da relação do real com o sujeito historiador e que o fato histórico é construção do historiador, ressaltamos que suas escolhas estão presas à sua formação ideológica e à sua formação discursiva. Existem vários fatos, o autor escolhe entre eles, congrega-os, tomando em conta o que considera de importância na contemporaneidade histórica, numa visão que desvela sua proposta de futuro. Desse modo, ele constrói a ciência histórica.

Discurso da literatura

Ao abordarmos o discurso da História, enfatizamos a relação do *real* com o historiador, mostrando o fato histórico como uma construção sua. Ou seja: a partir de suas escolhas, presas à sua cultura, elabora determinadas articulações dos fatos (e não outras), selecionando com base no que ele considera de importância na contemporaneidade histórica e elaborando as articulações dos acontecimentos do passado a começar dela.

É preciso também verificar sua relação com o desenvolvimento do domínio a que pertence e com a concepção de literatura presente naquela sociedade, naquele momento.

Tomando o caráter linguístico do pensamento conceptual como base, Schaff afirma que

> é evidente que a linguagem exerce uma ação, tanto na produção científica e técnica como na produção artística (principalmente na literatura, mas também na música e na pintura). Já constatamos que seria impossível exprimir e pensar a teoria da relatividade na língua de uma tribo primitiva australiana. Da mesma maneira que não seria possível realizar nela a música moderna (nem sequer a música de Bach) e a pintura moderna. Estas artes [...] são o produto de um pensamento conceptual altamente desenvolvido, que é irrealizável sem uma língua adequadamente formada. (1978: 264)

Fazer literatura permite ao artista se colocar certos problemas sobre a realidade que ele vive ou que lhe é relatada e responder artisticamente a esses problemas, sempre de acordo com seu ponto de vista. Na verdade, tudo o que rodeia o homem (a natureza, os outros homens, as ações, etc.) pode ser pista, que o encaminhará para a inclusão de um outro problema, resolvendo-o artisticamente.

Em outras palavras: o sujeito do discurso literário não fabrica o material com que trabalha. Esse material existe independentemente dele e dele receberá uma dada ordenação. Essa ordenação tem implícita uma rede de relações que possibilitará que os fatos, ordenados, tenham um outro significado: o significado que lhe foi atribuído pelo artista na obra literária.

Assim também acontece com a palavra, matéria-prima da literatura: o escritor não precisa criar outras palavras, diferentes das que circulam no cotidiano, para garantir a dimensão artística dessa matéria-prima; basta que ele teça, através delas, relações que configurem uma realidade nova – a da obra literária. Deslocando os fatos, mediante novas relações, e imprimindo às palavras, enquanto habitantes da obra literária, novos sentidos, o escritor produz uma *outra verdade*.

O discurso da literatura, como os demais discursos, possui especificidade. Ele constitui o rompimento com o que lhe é exterior, ao mesmo tempo em que esse rompimento, ao instituí-lo, distingue-o de tudo que o rodeia. É assim que constrói seus próprios limites.

Desses limites, por outro lado, estende-se a ponte que o liga à realidade exterior a ele: elaborada a partir da linguagem verbal, que contém a prática daquela sociedade aí solidificada – ou, como dissemos, na qual se assenta a história daquela cultura –, a obra literária mantém estreitos laços com a sociedade que a concebeu. Ela é resultado do trabalho do escritor, homem do seu tempo e do seu espaço. Ela é o elo seguinte do domínio literário, ao qual deve suas possibilidades de elaboração.

História e literatura: aproximações e distanciamentos

Uma das distinções que poderíamos colocar é aquela segundo a qual o ficcional está no âmbito da consciência estética e a "realidade", a História, no âmbito da consciência social. Consideramos, porém, que ambas se interpenetram permanentemente. Poderíamos destacar também as normas do domínio ficcional. Quando o escritor vai fazer um romance ou o roteirista, uma telenovela, uma ficção, procurarão material na realidade, e dela destacarão aspectos que chamem sua atenção e que serão usados no seu discurso ficcional. Aqui, estamos trabalhando, por exemplo, com a consciência estética e a social, as duas se fundem. A escolha dos fatos é particularidade do autor, que o faz a partir de sua percepção do mundo e dos objetivos a que se propõe na construção da sociedade: mudança ou permanência do *statu quo*.

Existem normas do domínio ficcional, do domínio da História, assim como existem normas do discurso da Comunicação. Existem normas nas telenovelas; o jornal tem normas e o jornalista tem que escrever de acordo com elas. Claro que ele pode tentar rompê-las ou pode se acomodar a elas.

Por isso, consideramos infundada essa afirmação de Jacques Le Goff:

> Por outro lado, as vizinhanças entre a História e a Literatura, umas e outras obras de ficção, fazem com que se reforce a distinção entre os autores. Se o conteúdo não mostra a diferença, mostrá-la-á a pertença do autor à instituição científica: *o cargo, a agregação, o título creditarão o livro como histórico. Voltamos ao problema da assinatura.* (s.d.: 36; grifos nossos)

Em trabalhos anteriores, discutimos essa análise (Baccega, 1985). Especificamente em *Comunicação, ficção e História: a literatura angolana* (1991), tomamos alguns trechos de livros de História, que abordavam a colonização de Angola, e analisamos esses mesmos fatos no romance *Yaka*, de Pepetela. É o mesmo fato? Sim, é o mesmo fato, porém claramente diferente. Assim, quando aquele fato entra na narrativa de *Yaka*, entra compondo determinado contexto, escrito de determinado modo; quando está compondo a narrativa do livro de história é outra coisa. Queremos dizer que não se trata só da agregação de quem assina o texto, mas é o próprio texto. São coisas diferentes.

O discurso não é apenas uma cadeia de enunciados, palavras ou frases que se justapõem. Ele tem que supor sempre o conjunto de relações sociais, contextuais que o constituem e que estão inscritos na palavra, matéria-prima de que ele se utiliza. Isso tanto vale para o discurso da História quanto para o discurso da ficção e também para o discurso da Comunicação.

Cada um desses discursos está preso a certo domínio, a processos discursivos específicos: os discursos literários estão presos aos domínios literários da sociedade em que se instauram, e os discursos históricos, aos domínios do estudo da História daquela sociedade. O primeiro se prende à ficção, à consciência estética; o segundo, à ciência. Ou seja, o domínio a que pertence um ou outro discurso vai fornecer o *corredor de sentido* (isotopia) no qual ele deverá ser lido. E ambos os discursos aparecerão no discurso da Comunicação.

Em outras palavras: o receptor não lerá um discurso que se denomina histórico como se fosse ficção. Embora haja inter-relação entre ambos, eles se distinguem: o discurso literário tem por objetivo a construção da *realidade estética*, ainda que para tal se utilize, como já dissemos, de outros discursos, mesmo científicos.

> E a realidade estética significa problematização da realidade objetiva, seja ela qual for; a literatura visaria, então, não apenas colocar a presença das coisas, mas interrogar essa presença, a pô-la em questão; e uma das qualidades do texto literário está justamente na força desse questionamento. (Freitas, 1986: 42)

Por outro lado, o discurso da História trabalha com signos já vividos, presentificados e incorporados, de algum modo, à vida social. E o que faz o historiador se não destacar tais signos, elaborar novas inter-relações, dando-lhes novo estatuto, novo sentido? E o que faz o ficcionista senão trabalhar também com signos estabelecidos em sua sociedade – dando-lhes novas conotações, produzindo com eles um outro universo – devolvendo-os ao receptor?

Logo, se nos limitássemos a uma análise apenas interna do texto, sem as relações com as condições de produção do discurso, estariam cortadas as relações deles com o processo histórico daquela sociedade, com o domínio ao qual pertencem e com a sua apropriação por parte do sujeito.

Barthes designa o discurso da História como o discurso do *aconteceu*, aquele que se caracteriza pelo *efeito de real*, cujo prestígio, diz ele, tem uma *importância e uma amplitude verdadeiramente histórica*. O "efeito de real é encontrado também no romance realista, diário íntimo, literatura de documento, noticiário policial, museu histórico, exposição de objetos antigos" (Barthes, 1988: 156).

Diferentemente, a literatura não é o discurso do *aconteceu*, é o discurso do jogo de possibilidades; ela não busca o *efeito de real*, ela é o *outro real*.

Ainda segundo Barthes, a ideia do *real* acompanha o discurso da História desde a Antiguidade. Opõe-se ao *verossímil*, que caracteriza a literatura.

> O real não resiste à narrativa de ficção, construída, por definição, sobre um modelo que, nas grandes linhas, outras injunções não têm senão as do inteligível; mas esse mesmo "real" passa a ser a referência essencial da narrativa histórica, que pretende relatar "aquilo que se passou realmente". (1988: 163)

Já o discurso histórico, como vimos, objetiva trazer o passado ao presente. Revive ou ressuscita o passado, procurando restaurá-lo através das marcas que deixou. Mas essa restauração do passado será feita mediante um discurso realizado no presente, por um homem do presente.

Ele será a imbricação do discurso do passado, do acontecido, com o discurso do presente, de quem relata.

E o que ocorre com o discurso literário? Segundo Milan Kundera, há que se distinguir dois tipos de romance: o que examina a *dimensão histórica da existência humana* e o que é *a ilustração de uma situação histórica*, "a descrição de uma sociedade num dado momento, uma historiografia romanceada" (1988: 36-38).

Logo, quer seja num ou noutro caso, a História está presente no romance, cujo discurso é também o discurso produzido no presente sobre fatos ocorridos ou elaborados como ocorridos. No entanto, como diz Kundera, "a única razão de ser do romance é dizer aquilo que apenas o romance pode dizer" (1988: 37).

Segundo esse autor, a História entra nos romances com o que ele chama de *economia máxima*, ou seja, como um dos elementos de composição.

Então, o que temos como distinção entre o discurso histórico e o literário é o fato de que *o efeito de real* que entra no discurso histórico como parte integrante passa, no discurso literário, a ser o que Barthes (1988: 164) chama de *ilusão referencial*, a qual consiste na volta do *real* à narração, agora a título de conotação. Ou seja, esses elementos, no discurso literário, passam a *significar* o *outro real*.

O discurso literário contém não os acontecimentos *efetivamente* vividos, mas *o campo das possibilidades humanas*, com base em uma dada realidade histórica: tanto a atual, na qual o escritor, inclusive, está inserido, como, a partir da atual, a *visão* das possibilidades humanas do passado e do futuro. E é desse modo que a literatura possibilita ao homem uma reflexão sobre a realidade, um passo no caminho do conhecimento científico. Os discursos literários desenham o *mapa da existência*, e não o mapa da sociedade.

Por outro lado, o discurso histórico vai contar os fatos que o historiador tem como importantes, isto é, que se distinguem, aos olhos do historiador, de todos os demais da mesma época. Assim fazendo, tais fatos tornam-se *notáveis*, na expressão de Barthes, dando prestígio a determinados aspectos, a determinadas *leituras* daquela época.

Nesse sentido, a História vai caminhar imbricando em seu discurso tanto a elucidação de sua própria atividade produtiva como a sua inserção no conjunto e na sucessão de produções das quais ela própria é um efeito.

Assim também é o discurso literário. Alimenta-se não só dos outros discursos literários daquela dada sociedade, bem como dos discursos históricos e de outros discursos, verbais e não verbais. Estabelece-se um verdadeiro diálogo entre os discursos.

Não é possível isolar a comunicação verbal, os discursos, os domínios, desse diálogo ininterrupto que constitui a vida social. E, nesse diálogo, os procedimentos discursivos passam a ter significações específicas: "Os elos que se estabelecem com os diferentes elementos de uma situação de comunicação artística diferem dos de uma comunicação científica" (Bakhtin, 1988: 154).

Logo, os discursos da História e da ficção possuem aproximações e distanciamentos.

Na História, o homem *existe*, e a literatura é o discurso da existência humana, das suas várias possibilidades. A História é o desdobramento no tempo dessas diversas possibilidades. O homem é personagem, que é homem. E o escritor é o criador de personagens que se incorporarão em homens.

Comunicação e literatura: semelhanças e diferenças

O escriturador do discurso, seja o discurso histórico, o literário, seja o da comunicação, é, portanto, aquele sujeito que toma a palavra, atualiza o código verbal (e a palavra só existe quando alguém a assume), renova os procedimentos discursivos para manifestar sua escolha dos fatos, respeitando as normas do domínio a que está filiado seu discurso: as da História, da literatura ou da Comunicação. Ao tomar a palavra, o sujeito institui-se como criador/recriador, com todos os valores e estereótipos que lhe são próprios, inserindo-se no diálogo cultural de seu grupo social, no diálogo cultural da humanidade. Escolhe e rearranja os discursos existentes, dando-lhes outros significados. Essas características são comuns aos três domínios. Ao mesmo tempo, há marcas que os diferenciam.

Assim, segundo Eagleton, a obra literária:

> [...] está contida na ideologia, mas consegue também distanciar-se dela a um ponto em que nos permite "sentir" e "apreender" a ideologia de que nasceu. Ao fazê-lo, a arte não nos permite conhecer a verdade que a ideologia esconde, já que, para Althusser, "conhecimento" no sentido restrito significa conhecimento científico – o tipo de conhecimento, por exemplo, do capitalismo que nos é dado pelo *O Capital de Marx* e não por *Hard Times* de Dickens. A diferença entre a ciência e a arte não consiste em tratarem objetos diferentes, mas sim em tratarem o mesmo objeto de diferentes maneiras. A ciência dá-nos um conhecimento conceptual de uma situação; a arte dá-nos a experiência dessa situação, o que é equivalente à ideologia. Mas, ao fazê-lo, permite-nos "ver" a natureza dessa ideologia e começa, assim, a conduzir-nos no sentido da compreensão plena da ideologia que é o conhecimento científico. (1978: 31)

Ou seja: cada um de nós inicia o percurso do universo ficcional de determinado modo; carrega seus valores, seus problemas, suas vivências. Esse universo ficcional, o qual nos possibilita *viver* as situações que apresenta através da emoção, permite que, após o percurso, estejamos mais aptos ao conhecimento científico da realidade em que vivemos.

As questões colocadas no discurso literário, tal qual no discurso da Comunicação, são questões do cotidiano e a cada discurso compete, exatamente, elevar essas questões a um patamar superior. Ou seja, a Comunicação sobreleva fatos, questões que devem ser divulgadas de acordo com interesses empresariais e de espetáculo; a literatura escolhe questões que, passando a existir agora no âmbito do romance, poderão destrinçar temas sociais. Assim, a literatura faz o leitor ver que, aquilo que se apresenta como simples, nada mais é que a simplificação às vezes ingênua, às vezes inconsciente, às vezes manipulada da complexidade da totalidade. Sendo o discurso das *possibilidades históricas*, só o discurso literário poderá atingir esse objetivo, revelando o não simples através de uma grande variedade de formas, muitas vezes contraditórias.

A literatura toma todos esses *conteúdos* quando ainda em formação. Toma-os no próprio cotidiano da sociedade, já marcados, evidentemente, pela carga valorativa – sem essa carga valorativa não haveria literatura, até porque não haveria palavra. Tal qual o discurso da Comunicação e o discurso da História.

Na literatura estão presentes os discursos de todos os universos, inclusive os não artísticos; por exemplo, fatos históricos, articulados no discurso da História.

Mas, ao utilizar-se deles, ela não só os configura artisticamente, como dá a eles novas formas, produzindo novos significados, que circularão na obra literária. O mesmo faz o discurso da Comunicação. Também se utiliza dos discursos de todos os universos, oferecendo-lhes novos significados, pautados por interesses de espetacularização e de concordância com as diretrizes da empresa.

Discurso da Comunicação: encontro da História e da literatura

Os meios de comunicação ocupam lugar de destaque nas sociedades contemporâneas. O discurso da Comunicação, que também toma o cotidiano como matéria-prima, resulta tanto do *aconteceu* (discurso da História) quanto do *jogo de possibilidades* (discurso literário). Ele carrega não só o *efeito de real*, mas até mesmo o *outro real*, a *ilusão referencial* (Barthes, 1988: 164). Nenhum discurso da Comunicação está neste ou naquele polo desse pêndulo, porém vai se revestir sempre de características predominantes a um ou outro.

Isso porque um número incalculável de fatos e acontecimentos ocorrem a todo momento. Como lembram Lippmann (1970), Bosi (2003), Schaff (1973) e Heller (1989), vivemos e experimentamos diretamente um número extremamente reduzido desses fatos, desses acontecimentos. E mesmo os que vivemos, apreendemos sempre com as mediações que nos são inculcadas, sobretudo, pela linguagem verbal. Os outros fatos e acontecimentos nos chegam através de relatos, quer de pessoas que deles participaram, quer – e principalmente – por meio dos veículos de comunicação (tradicionais, novos ou novíssimos), que introduzem suas próprias mediações: desde as do profissional presente ao fato, até aquelas condicionadas aos interesses político-sociais da própria empresa (Souza Jr., 2006).

Os profissionais de comunicação, em especial os jornalistas, têm a *fé pública*, ou seja, a sociedade confere-lhes a competência de *representá-la* diante do *real*, isto é, assistir ao acontecido e, depois, relatar-lhe.

Ocorre que, apesar das mediações que existem no ato de narrar, em geral as pessoas consideram que têm uma visão *objetiva* do mundo, a partir de tais relatos. Essa visão *objetiva* nada mais é que a visão generalizada em uma dada sociedade, sendo considerada, por isso, *natural*. Em outras palavras: essa visão monossêmica do mundo, como se fosse possível que os fatos relatados só tivessem uma interpretação, um sentido, é bastante equivocada. Esse *conhecimento* do mundo resulta da seleção dos fatos a serem divulgados e do ponto de vista sobre eles, explícita ou implícita no relato, o qual chegou até nós depois de passar por um sem-número de mediações. Insista-se que essa seleção se inicia na opção por relatar determinado fato em detrimento de todos os outros fatos acontecidos.

Para persuadir o receptor, utiliza-se de uma maneira própria de estruturar o texto: é escrito em terceira pessoa, como se o *fato* assumisse contar-se a si mesmo, sem qualquer intermediação do sujeito e de sua linguagem. Quando o texto deixa entrever seu autor, é considerado *subjetivo* e passa a ser menos digno de fé, até mesmo falso. Salvo, no caso da imprensa, se ele estiver no espaço do editorial ou em matéria assinada.

A narrativa muitas vezes é *encenada*. Por exemplo, o jornalista transforma-se em ator, ensaiando as perguntas e respostas antes da gravação para a TV. Nessas encenações, também os entrevistados fazem parte da *produção*. Ou ainda: quando algum grupo se encontra numa manifestação e a televisão se aproxima para captar imagens, os próprios manifestantes agem de modo diferente, agitam-se mais para *aparecer na televisão*. É a introjeção da condição de atores na produção televisiva que fala mais alto do que a condição de atores do processo histórico.

Os produtos colocados ao alcance da população são, portanto, alguns recortes do processo histórico, para que ela os leia como se constituíssem o processo histórico todo. Trata-se de um processo metonímico – a parte pelo todo –, o qual nos oferece pronta a edição do mundo, como a única realidade à qual temos acesso. É a partir dos meios de comunicação que o mundo passa a ter sentido. O *mundo todo* é aquele: o editado para nós.

Se buscarmos a manifestação textual, podemos perceber algumas aproximações entre os discursos da História e da Comunicação: ambos são referenciais. Procuram fazer desaparecer o sujeito através de mecanismos linguísticos, como enunciado em terceira pessoa, como já dissemos, o não uso de figuras de linguagem, etc. Desse modo, procuram sobrelevar o fato e não o ponto de vista (embora essa postura já revele um ponto de vista).

Tanto o discurso da História quanto o da Comunicação constituem um texto a partir de uma pluralidade de vozes, das quais ou farão uma síntese, em que o sujeito obrigatoriamente assume a palavra, ou permitirão que cada uma permaneça, como se isso bastasse para configurar a presença de vários pontos de vista, a polifonia, também tão cara à literatura.

De todo modo, ambos os discursos organizam as vozes, dando prioridade a umas em detrimento de outras. E o próprio modo de organizar implicará sentidos diferentes aos discursos construídos. Voltamos, portanto, ao papel que desempenha o sujeito, tanto o comunicador quanto o historiador.

Tempo da comunicação

Tal qual o sujeito do discurso da literatura, o sujeito comunicador trabalha com o cotidiano. Também ele terá de possuir sensibilidade para desvelar o aspecto cambiante da palavra, assumindo, desse modo, seu papel de mudança.

Mas, para assumir esse papel de mudança, o sujeito comunicador precisa ter o sentido da totalidade, necessita conhecer o passado, deve saber elaborar/reelaborar essas duas realidades conjunta e dialeticamente. E isso o difere do escritor e do historiador. Se o primeiro – o escritor – trabalha com o cotidiano, do presente ou do passado, a partir do qual cria seu universo e nele faz circular seus personagens, o segundo – o historiador – ocupa-se do passado, reelaborando-o cientificamente com base no presente. Ao comunicador competem as duas operações conjuntamente. Sem dúvida, a exigência é maior.

O comunicador é criador de novas realidades. Assim também o historiador e o escritor. Mas as novas realidades que o comunicador cria têm público imediato. Elas já estarão hoje ou amanhã nos jornais, na televisão, no rádio, na internet, etc. Tanto no discurso histórico quanto no literário, o sujeito tem tempo para *checar*, rever, burilar ou até reescrever; mas no da comunicação, não – o fato é colhido no calor da emoção e o texto redigido na velocidade que o mercado consumidor exige. Os dois primeiros discursos são produtos de estudo e/ou reflexão de longa duração, enquanto o jornalístico é destinado, aparentemente, à breve vida que intermedeia uma edição da outra. São discursos, portanto, cujo conteúdo de realidade é apropriado obrigatoriamente de formas diferentes e que possuem registros igualmente diversos. Já no momento da produção o sujeito comunicador terá de revelar, portanto, uma criticidade bem desenvolvida. Precisará saber usar a palavra enquanto mediação, no sentido de ser dono dela, ser senhor de seu discurso, e não deixar-se falar por ela. No momento em que se deixa falar por ela, como acontece, ele perde sua condição de sujeito, capaz de construir, de recriar realidades.

O sujeito comunicador necessita saber que, sendo senhor da palavra, o produto de sua elaboração pode ir no sentido da desalienação do outro.

Febvre (1985) dizia que, para o estudo da História, devem se utilizar os textos, mas *todos os textos*, não apenas aqueles que estão escritos e que se oferecem nos arquivos à curiosidade do historiador. Textos de todos os campos semiológicos, longos ou curtos, *feitos para permanecer* ou estruturados nos desvãos do poder e do estabelecido. Assim também o comunicador, em especial o jornalista. Fontes, sim, mas *todas as fontes*, não apenas aquelas das agências, das entrevistas realizadas aparentemente como espetáculos produzidos; também as fontes presentes na realidade viva, dinâmica, feita de contradições. A realidade contemporânea, sim, e até mesmo o processo cristalizado nas práticas sociais e, sobretudo, na palavra.

Não ignoramos as pressões a que são submetidos os profissionais da comunicação: é a empresa (e é tão mais fácil ser *a voz do dono que o dono da voz*), são os grupos de fora da empresa, que se estruturam para pressionar; é a publicidade da qual, em geral, depende uma empresa de Comunicação e cuja conta será cortada se a matéria for desabonadora a seu ramo de negócio; é a família que tem que sustentar e, por isso, o profissional depende do seu emprego. Mas todas essas situações, com características diversas, são vividas também pelos sujeitos dos outros discursos, não só os da Comunicação. Na raiz dessa questão estão os objetivos de vida em que se coloca o sujeito; e, sejam quais forem, devem ser conscientes.

Tal qual o discurso literário, o discurso da Comunicação será a confluência de todos os discursos sociais. Para tanto, o sujeito comunicador há que saber ler esses discursos sociais, sobretudo os discursos da História e da literatura, fontes nas quais deve banhar-se permanentemente. A História vai possibilitar-lhe condições para o rearranjo do passado, que estará forçosamente presente no seu texto; a literatura irá lhe dar condições de melhor aproximar-se das emoções que fervilham na existência humana e que o conduzirão no caminho da descoberta das *possibilidades históricas*.

O que estamos propondo, enfim, é que o discurso do comunicador seja a conjunção dos discursos históricos e literários, com especificidades das quais os manuais de redação jamais darão conta.

Se, como colocamos, o cotidiano é a matéria-prima de que se servem o escritor e o comunicador, é preciso registrar a diferença: a literatura *cria* seus personagens, que só *vivem* no domínio do romance; o escritor *conhece* todas as ações, reações, processos e caminhos que as personagens percorrem em suas vidas. Já o comunicador trabalha com seres que têm nome e sobrenome, que se destacam no cotidiano por ações, reações ou resultados de processos que nem sempre o comunicador conhece e que ele não pode criar. Por isso se diz que a linguagem da comunicação é *referencial* e a da literatura, *imagética*. Ou, melhor dizendo, cada uma delas tem predominantemente tal característica.

Diríamos nós que cada um dos discursos guarda a presença das duas características, uma vez que, existindo as mediações, ficção e realidade andam sempre juntas. Já com relação ao discurso da História, diríamos que, se é verdade que ele é mais *referencial* com relação à literatura, é também o *resultado* de uma análise feita pelo sujeito historiador. E aí reside a diferença. Essa análise é a que, no discurso da Comunicação, vai ser feita pelo sujeito comunicador. Ele não reproduz a análise da História, mas elabora as análises e vai construindo a História.

Tanto o discurso da História quanto o discurso literário servem ao comunicador como resultados de caminhos percorridos por outros sujeitos que, de modo diverso, souberam se acercar da realidade. Se o primeiro dá ao jornalista condição de perceber o processo histórico presente no cotidiano, onde está a gestar-se o futuro, o discurso da literatura vai lhe permitir conhecer novos modos de manifestação verbal, que assinalarão com maior *rigor* a captação dos seres, enquanto indivíduos; que possibilitarão ao comunicador acercar-se da realidade imediata com a percepção de quem consegue transfigurá-la no tempo, vendo nela o presente e o futuro.

Bibliografia

BACCEGA, M. A. *Mayombe* – Ficção e história: uma leitura em movimento. São Paulo, 1985. Tese (Doutorado) – Departamento de Letras Clássicas e Vernáculas da Faculdade de Filosofia, Letras e Ciências Humanas da Universidade de São Paulo.

_______. *Comunicação, ficção e história*: a literatura Angolana. São Paulo, 1991. Livre-docência. Departamento de Comunicação e Artes da Escola de Comunicações e Artes da Universidade de São Paulo.

_______. *Comunicação e linguagem*: discurso e ciência. São Paulo: Moderna, 1998.

_______. *Palavra e discurso*: literatura e história. 2. ed. São Paulo: Ática, 2007.

_______. Discurso da comunicação: encontro entre ficção e realidade. *Revista Comunicação & Educação*. São Paulo: CCA-ECA-USP/ Paulinas, set./dez. 2007, XII, n. 3, p.23-34.

BAKHTIN, M. (Voloshinov) *Marxismo e filosofia da linguagem*: problemas fundamentais do método sociológico na ciência da linguagem. São Paulo: Hucitec, 1988.

BARTHES, R. *O rumor da língua*. São Paulo: Brasiliense, 1988.

BOSI, E. *O tempo vivo da memória*. São Paulo: Ateliê, 2003.

BRAUDEL, F. *Escritos sobre a história*. São Paulo: Perspectiva, 1978.

CERTEAU, M. *A escrita da história*. Rio de Janeiro: Forense Universitária, 2006.

CHAUÍ, M. *Cultura e democracia*: o discurso competente e outras falas. São Paulo: Cortez, 2007.

DUBOIS, J. et al. *Dicionário de linguística*. São Paulo: Cultrix, 1978.

EAGLETON, T. *Marxismo e crítica literária*. Porto: Afrontamento, 1978.

FEBVRE, L. Profissões de fé à partida. *Combates pela história*. Lisboa: Presença, 1985.

FREITAS, M. T. *Literatura e história*: o romance de André Malraux. São Paulo: Atual, 1986.

GOLDMANN, L. *Ciências humanas e filosofia*. São Paulo: Difusão Europeia do Livro, 1967.

GREGOLIN, M. R. AD: Descrever – interpretar acontecimentos cuja materialidade funde linguagem e história. In: NAVARRO, P. (org.) *Estudos do texto e do discurso*: mapeando conceitos e métodos. São Carlos: Claraluz, 2006.

HELLER, A. *O cotidiano e a história*. São Paulo: Paz e Terra, 1989.

HJELMSLEV, L. *Prolegômenos a uma teoria da linguagem*. Trad. J. Teixeira Coelho Netto. São Paulo: Perspectiva, 1978.

KUNDERA, M. *A arte do romance*. Rio de Janeiro: Nova Fronteira, 1988.

LE GOFF, J. *A nova história*. Lisboa: Edições 70, s.d.

LIPPMANN, W. Estereótipos. In: STEINBERG, C. (org.). *Meios de comunicação de massa*. São Paulo: Cultrix, 1970.

NAVARRO, P. (org.) *Estudos do texto e do discurso*: mapeando conceitos e métodos. São Carlos: Claraluz, 2006.

________. *O discurso*: nos domínios da linguagem e da história. São Carlos: Claraluz, 2008.

ORLANDI, E. *As formas do silêncio*: no movimento dos sentidos. Campinas: Editora da Unicamp, 1992.

PÊCHEUX, M. *Semântica e discurso*: uma crítica à afirmação do óbvio. Campinas: Editora da Unicamp, 1988.

SCHAFF, A. *Ensayos sobre filosofia del lenguaje* (Ensaios sobre filosofia da linguagem). Barcelona: Ariel, 1973.

________. *História e verdade*. São Paulo: Martins Fontes, 1978.

SOUSA JR., W. Apropriações melodramáticas: o caso Pedrinho no Jornal Nacional e em Senhora do Destino. *Comunicação & Educação*. São Paulo: CCA-ECA-USP/Paulinas, n. 2, maio/ago. 2006.

VINES, J. Informação demais confunde memória comprova estudo: teste monitorado com ressonância magnética mostrou como se dá o processo de "competição" entre lembranças. *Caderno Saúde, C10. Jornal Folha de S.Paulo*, 22/03/2011.

WILLIAMS, R. *Marxismo e literatura*. Rio de Janeiro: Zahar, 1979.

A organizadora

Roseli Figaro é professora do Programa de Pós-Graduação em Ciências da Comunicação da Universidade de São Paulo. Possui pós-doutorado pela Universidade de Provence, França. É coordenadora do Grupo de Pesquisa Comunicação e Trabalho; pesquisadora do Núcleo de Pesquisa da USP Comunicação e Censura e do Grupo de Pesquisa do Arquivo Miroel Silveira. Tem experiência na área de Comunicação, com ênfase em Linguagem Verbal e Teorias da Comunicação. Autora e/ou organizadora dos livros: *Comunicação e trabalho: estudo de recepção*; *Gestão da comunicação: mundo do trabalho, educação, terceiro setor e cooperativismo*; *Relações de comunicação no mundo do trabalho*; *Na cena paulista o Teatro Amador*; *Teatro, comunicação e sociabilidade*.

Os autores

Adilson Citelli é professor titular junto ao Departamento de Comunicações e Artes da Escola de Comunicações e Artes da USP. Dedica-se em tempo integral aos programas de graduação e pós-graduação da ECA/USP, onde ministra cursos e orienta dissertações e teses nas áreas de Comunicação e Linguagem, com ênfase nas subáreas: comunicação/educação, educomunicação, comunicação/linguagem. Bolsista nível 1C do CNPq. É autor de inúmeros artigos e livros, dentre estes, destacam-se: *Linguagem e persuasão*; *Comunicação e educação: a linguagem em movimento*; *Palavras, meios de comunicação e educação*; *Educomunicação. Construindo uma nova área de conhecimento* (organizado com Cristina Costa).

Beth Brait é crítica, ensaísta, professora associada da PUC-SP e da USP, criadora e editora da *Bakhtiniana: Revista de Estudos do Discurso*. Dedica-se ao ensino e à pesquisa na pós-graduação e é autora de vários livros. Pela Editora Contexto publicou *Literatura e outras linguagens*, e, como coautora, *Língua e literatura: ensino e pesquisa*. Além disso, é organizadora, também pela Contexto, das seguintes obras: *Bakhtin: conceitos-chave*, *Bakhtin: outros conceitos-chave*, *Bakhtin e o círculo*, *Bakhtin, dialogismo e polifonia* e *Texto ou discurso?* (com Maria Cecília Souza-e-Silva).

Helena Nagamine Brandão iniciou sua trajetória na Linguística aplicada ao ensino de Línguas, com extensa pesquisa e produção voltada para Análise do Discurso, Gênero do Discurso, Enunciação, Heterogeneidade discursiva e Linguística Aplicada. Entre suas publicações, estão: *Introdução à análise do discurso*, *Gêneros do discurso na escola: mito, conto, cordel, discurso político, divulgação científica*, *Subjetividade, argumentação, polifonia. O discurso da propaganda da Petrobras*, organizadora (juntamente com Ruth Amossy) da seção temática "Contribuições à pesquisa em Análise do Discurso", na revista *Filologia e Linguística Portuguesa,* n. 9, FFLCH-USP.

José Luiz Fiorin tem uma extensa contribuição aos estudos da linguagem, sobretudo, no que diz respeito à Teoria e Análise Linguística, em temas relacionados à enunciação. Publicou diversas obras. Pela Editora Contexto é autor de *Elementos de análise do discurso*, *Em busca do sentido: estudos discursivos*, e coautor de *Ethos discursivo* e *Bakhtin: outros conceitos-chave*. Organizou vários livros, entre os quais: *Introdução à Linguística I. Objetos teóricos*, *Introdução à Linguística II. Princípios de Análise* e *África no Brasil: a formação da língua portuguesa* (com Margarida Petter).

Maria Aparecida Baccega, professora livre-docente na área de Linguagem Verbal e Meios de Comunicação, tem vasta contribuição na formulação do campo Comunicação e Educação. Fundadora e editora (1994-2003) da revista *Comunicação & Educação*. Autora e/ou organizadora dos livros: *Palavra e discurso. História e Literatura*, *Comunicação e consumo nas culturas locais e global*, *Comunicação e linguagem: discursos e Ciência*, *Gestão da comunicação: epistemologia e pesquisa teórica*, *Comunicação e culturas do consumo* (org.), entre muitos outros.

Maria Cecília Souza-e-Silva tem como áreas de atuação a Linguística Aplicada, a Análise do Discurso, e Linguagem e Trabalho. Desenvolve pesquisa vinculada ao departamento de Ergologie – Analyse Pluridisciplinaire des Situations de Travail (APST), da Université de Provence. Autora de artigos publicados em revistas especializadas, colaboradora em obras coletivas, coautora de obras didáticas e tradutora de livros e artigos na área de Análise do Discurso. Pela Contexto, é coorganizadora do livro *Texto ou discurso?*, com Beth Brait.